Liderança
é uma questão de atitude

Caso você tenha alguma dúvida,
o autor terá o maior prazer em esclarecê-la.

Karim Khoury
E-mail: acordo@karim.com.br
Home page: http://www.karimkhoury.com.br
Facebook: /karim.khoury.52
Instagram: @karim_khourybr
YouTube: /KarimKhouryvideos

Dados Internacionais de Catalogação na Publicação (CIP)
(Jeane Passos de Souza - CRB 8ª/6189)

Khoury, Karim
    Liderança é uma questão de atitude / Karim Khoury –
4. ed. atual – São Paulo: Editora Senac São Paulo, 2019.

    Bibliografia
    ISBN 978-85-396-2711-0 (impresso/2019)
    e-ISBN 978-85-396-2712-7 (ePub/2019)
    e-ISBN 978-85-396-2713-4 (PDF/2019)

    1. Administração 2. Eficácia organizacional 3. Liderança
4. Mudança organizacional I. Título.

19-1019t   CDD – 658.492
                                  BISAC BUS071000

Índice para catálogo sistemático:
1. Liderança : Administração   658.492

1ª edição: 2009
2ª edição: 2010
1ª reimpressão: 2011
2ª reimpressão: 2011
3ª reimpressão: 2011
4ª reimpressão: 2012
5ª reimpressão: 2012
6ª reimpressão: 2012
7ª reimpressão: 2012
8ª reimpressão: 2013
9ª reimpressão: 2013
3ª edição atual.: 2015
10ª reimpressão: 2017
4ª edição atual.: 2019

Liderança
é uma questão de atitude

Karim Khoury

4ª edição atualizada

Editora Senac São Paulo – São Paulo – 2019

ADMINISTRAÇÃO REGIONAL DO SENAC NO ESTADO DE SÃO PAULO
Presidente do Conselho Regional: Abram Szajman
Diretor do Departamento Regional: Luiz Francisco de A. Salgado
Superintendente Universitário e de Desenvolvimento: Luiz Carlos Dourado

EDITORA SENAC SÃO PAULO
Conselho Editorial: Luiz Francisco de A. Salgado
Luiz Carlos Dourado
Darcio Sayad Maia
Lucila Mara Sbrana Sciotti
Luís Américo Tousi Botelho

Gerente/Publisher: Luís Américo Tousi Botelho
Prospecção: Dolores Crisci Manzano
Administrativo: Verônica Pirani de Oliveira
Comercial: Aldair Novais Pereira

Edição de Texto: Adalberto Luís de Oliveira
Preparação de Texto: Lucimara Carvalho
Revisão de Texto: Gabriela Lopes Adami (coord.)
Capa, Projeto Gráfico e Editoração Eletrônica: Antonio Carlos De Angelis
Foto da Capa: iStockphoto.com
Impressão e Acabamento: Gráfica CS

Proibida a reprodução sem autorização expressa.
Todos os direitos desta edição reservados à
Editora Senac São Paulo
Av. Engenheiro Eusébio Stevaux, 823 – Prédio Editora
Jurubatuba – CEP 04696-000 – São Paulo – SP
Tel. (11) 2187-4450
editora@sp.senac.br
https://www.editorasenacsp.com.br

© Karim Albert El Khoury, 2009

Sumário

Nota do editor, 9

Prefácio | *Albert Khoury*, 11

Dedicatória, 13

Introdução, 15

Comunicação, 19
    O que você pode fazer para inspirar confiança nos outros, 20
    Aspectos da comunicação eficiente, 21

Iniciativa, 29
    Fluidez e descoberta (ritmo fluente), 33
    Definição (ritmo *staccato*), 34
    Flexibilidade (ritmo caos), 35
    Criatividade (ritmo lírico), 35
    Parada e reavaliação (ritmo quietude), 36

Respeito, 39
    Atentado às condições de trabalho, 41
    Isolamento progressivo do trabalhador e recusa de comunicação direta com ele, 42
    Atentado à dignidade do trabalhador, 42
    Violência verbal, física ou sexual, 43

CONSTRUÇÃO DE RELACIONAMENTOS, 49
Carisma, 49
Simpatia, 53
Gentileza, 56
Empatia, 58

RESOLUÇÃO DE CONFLITOS, 61
D de descreva, 63
E de expresse, 64
A de acordo, 64
R de resultados, 65
Feedback, 67
Como lidar com "pessoas difíceis", 69

EXECUÇÃO, 75
A Roda da Vida: balanço pessoal, 77
Monitore seu nível de energia e cuide de si mesmo, 82

LIDERANÇA QUÂNTICA, 87
Energia, 88
Dicas para descartar o entulho, 90
Intuição, 96

FLEXIBILIDADE, 105
Estilo comandante, do tipo "Faça o que eu digo", 106
Estilo visionário, do tipo "Venha comigo", 107
Estilo treinador ou *coach*, do tipo "Tente isto", 108
Estilo agregador, do tipo "As pessoas vêm primeiro", 109
Estilo democrático, do tipo "O que vocês acham?", 109
Estilo *pacesetting*, do tipo "Faça como eu faço, agora", 110
O seu repertório de estilos de liderança, 111
O mito do líder ideal, 114
A flexibilidade no uso de diferentes estilos –
um caso prático, 115

DIFERENTES GERAÇÕES, DIFERENTES ESTRATÉGIAS, 119
Geração *baby boomers*: nascidos entre 1946 e 1964, 123

SUMÁRIO

Geração X: nascidos entre 1965 e 1977, 123
Geração Y: nascidos entre 1978 e 1989, 124
Estratégias de gestão para a geração Y, 127
O que a geração Y pode aprender?, 131
Geração Z: nascidos entre 1990 e 1999, 136
O que podemos fazer para melhorar a qualidade da nossa
atenção, 137
Uso consciente da tecnologia, 139

REFLEXÕES SOBRE A LIDERANÇA E AS TENDÊNCIAS DO
MERCADO, 143
Competências da liderança, 143
Motivação, 144
Treinamento e desenvolvimento, 146
Os limites da influência da liderança, 149
Tendências, 151
Pessoas mais jovens gerenciando pessoas mais velhas, 154
Criando uma cultura para o desenvolvimento de
novos líderes, 156

A ARTE DO ENGAJAMENTO, 159
Conhecer quais são as prioridades, 160
Simplificar estratégias, 160
Eliminar estratégias desnecessárias, 161
Ter a sensação de que as nossas contribuições fazem diferença, 163
Ter a sensação de pertencimento, 165
Ter a sensação de que estamos nos desenvolvendo, 166
Respeito, comunicação e confiança, 167
Energia relacional, 168

CONCLUSÃO, 171

REFERÊNCIAS, 175

Nota do editor

Liderança é uma atitude que requer múltiplas habilidades para ser exercida com eficiência; trata-se de um conhecimento e não apenas do exercício de autoridade. Em *Liderança é uma questão de atitude*, Karim Khoury expõe vários métodos, exercícios e exemplos muito próximos de nosso dia a dia, seja como líderes, seja como membros de uma equipe liderada, orientando-nos sobre como estabelecer prioridades e como obter a flexibilidade necessária para um bom desempenho.

Entre tantos métodos expostos, Karim também nos insere no conceito da interdisciplinaridade. A resiliência, termo emprestado do mundo da física, é uma das capacidades necessárias para um bom desempenho na liderança; significa a capacidade do indivíduo de garantir sua integridade, a qual não se dá apenas individualmente, mas também através das relações pessoais.

Atuando com base em novos conceitos científicos, ou conhecimentos milenares, comportamentos como gentileza, ética e bom humor são indispensáveis. E autoconhecimento é condição *sine qua non*!

É mais um lançamento do Senac São Paulo, sempre conectado com os novos paradigmas das relações humanas.

Prefácio

"Mortos, levantem-se!" gritou o oficial francês Jacques Péricard em uma batalha que ele venceu em 1915. Essa frase tornou-se célebre em diversos livros de história, e, por ser o grito de um líder, eu a escolhi para falar um pouco sobre liderança e atitudes. Na ocasião dessa batalha, quando tudo parecia perdido, esse homem teve a atitude de continuar a combater dando o exemplo aos soldados e demonstrando confiança mesmo para os feridos. Ele transmitiu, à sua maneira, coragem e esperança através de suas ações, inspirando o grupo a agir.

Todos nós possuímos todos os recursos de que precisamos para exercer influência sobre a nossa própria vida e sobre a das outras pessoas. Para isso, é preciso desenvolver a habilidade de liderar primeiramente a si mesmo e depois os outros. Lembre-se de que, se desejarmos, podemos mudar as nossas atitudes para obtermos melhores resultados. Isso me faz lembrar deste texto:

> Se eu pudesse deixar algum presente a você,
> deixaria aceso o sentimento de amar a vida dos seres humanos.
> A consciência de aprender tudo

o que foi ensinado pelo tempo afora.
Lembraria os erros que foram
cometidos
para que não mais se repetissem.
A capacidade de escolher novos
rumos.
Deixaria para você, se pudesse,
o respeito àquilo que é indispensável:
além do pão, o trabalho,
além do trabalho, a ação.
E, quando tudo mais faltasse, um
segredo:
o de buscar no interior de si mesmo
a resposta e a força para encontrar a
saída.

Mahatma Gandhi[1]

Se tivermos a consciência do que queremos, nos sentirmos merecedores e capazes de alcançar um resultado, tivermos a iniciativa e a coragem para agir e depois sermos flexíveis para mudar de rumo se for necessário, daremos um passo em direção à liderança. Um grande passo.

ALBERT KHOURY
Médico

---

[1] Mahatma Gandhi, disponível em http://www.pensador.info/autor/Gandhi/.

Dedicatória

Para Albert Khoury, pela sua alegria de viver.

Para Yara, pela sua energia.

Para Sil, pelo seu amor.

Introdução

> Rir muito e com frequência; ganhar o respeito de pessoas inteligentes e o afeto das crianças; merecer a consideração de críticos honestos e suportar a traição de falsos amigos; apreciar a beleza, encontrar o melhor nos outros; deixar o mundo um pouco melhor, seja por uma saudável criança, um canteiro de jardim ou uma redimida condição social; saber que ao menos uma vida respirou mais fácil porque você viveu. Isso é ter tido sucesso.
>
> *Ralph Waldo Emerson*[1]

Liderar significa exercer influência sobre o que se passa ao seu redor, seja construindo a vida que você deseja para si mesmo, seja inspirando diferentes pessoas a caminhar na mesma direção. A habilidade de liderança pode ser desenvolvida e depende de ações práticas e objetivas.

---

[1] Ralph Waldo Emerson, *apud* Anthony Robins, *Poder sem limites* (São Paulo: Bestseller, 1987), p. 15.

Você pode exercer influência sobre a sua própria vida e sobre a das pessoas que estão ao seu redor. Para isso, é preciso agir. Quando eu digo que liderança é uma questão de atitude, me refiro a *todas* as nossas ações diárias que podem influenciar positivamente as pessoas que convivem conosco. Esse tipo de liderança independe do cargo, do sexo, do porte físico, da condição social ou financeira. O que conta é o que está no nosso controle e o que podemos fazer para influenciar positivamente determinada situação.

Escolhi alguns temas que considero essenciais para desenvolver a habilidade de liderar. São eles:

- *Comunicação*: em termos de influência o que conta não é o quanto você sabe, mas o quanto você consegue transmitir desse conhecimento.

- *Iniciativa*: em vez de esperar que as coisas aconteçam por si mesmas, pense no que você pode fazer para influenciar positivamente uma situação.

- *Respeito*: agressividade gera agressividade e respeito gera respeito. Para influenciar pessoas e obter a colaboração delas, é preciso em primeiro lugar respeitá-las sinceramente.

- *Construção de relacionamentos*: é pouco provável que você possa inspirar as pessoas se não construir relacionamentos baseados na segurança e na sua credibilidade. Estabelecer conexões saudáveis com os outros e fortalecer o seu carisma são habilidades que podem ser desenvolvidas.

- *Resolução de conflitos*: para tornar diferentes pontos de vista uma fonte de forças e não de desavenças, é preciso ser capaz de conduzir conversas difíceis e fazer críticas construtivas, de maneira que a outra pessoa sinta-se respeitada.

- *Execução*: em vez de negar a existência de um problema, aceite a situação como ela é e crie uma estratégia para solucioná-lo,

INTRODUÇÃO

mesmo que para isso seja necessário parar tudo e criar um novo plano de ação.

❧ *Liderança quântica*: você pode melhorar sua qualidade de vida se eliminar os fatores que drenam a sua energia. E pode aumentar a quantidade de informações disponíveis para tomar uma decisão se desenvolver sua intuição.

❧ *Flexibilidade*: você será um líder mais eficiente se aumentar o seu repertório de estilos de liderança em diferentes situações.

❧ *Diferentes gerações, diferentes estratégias*: quais são as estratégias de gestão mais eficientes para a geração dos veteranos? E para os jovens? Conhecer em linhas gerais as características de cada geração aumenta as suas possibilidades de adequar o seu estilo para diferentes pessoas.

❧ *Reflexões sobre a liderança e as tendências do mercado*: como algumas reflexões e as tendências do mercado podem contribuir para você ser um líder mais eficiente?

Se você tem a intenção de aumentar a sua habilidade de liderança para:

❧ exercer influência sobre a sua vida e sobre a dos outros;

❧ comunicar-se com diferentes gerações com eficiência;

❧ ter iniciativa;

❧ aumentar sua conexão com as pessoas e expandir seu carisma;

❧ resolver conflitos;

❧ ter energia e desenvolver sua intuição;

❧ ter mais flexibilidade para lidar com situações diversas;

❧ despertar o que existe de melhor nos outros; e

ða tornar as coisas melhores do que eram quando você as encontrou...

basta ter atitude!

Comece em você a transformação
que você quer ver no mundo.

Mahatma Gandhi[2]

---

[2] Mahatma Ghandi, *apud* Mark Sanborn, *You Don´t Need a Title to Be a Leader* (Nova York: Doubleday, 2006), p. 28.

Comunicação

> Ações falam mais alto que palavras.
> *Abraham Lincoln*[1]

A comunicação talvez seja a ferramenta mais importante da liderança. O ato de comunicar-se pode exercer grande impacto sobre as pessoas e envolve não só palavras, mas também os gestos e o tom de voz. Ao comunicar-se, você pode influenciar pensamentos, atitudes, emoções e, consequentemente, pode gerar novos comportamentos e resultados.

Para construir uma liderança consciente, é preciso estar disposto a receber e a procurar qualquer informação que diga respeito aos seus objetivos e projetos. Isso é um desafio, pois nem sempre estamos dispostos a conhecer fatos que nos desagradam. Mas só é possível resolver um problema quando o conhecemos profundamente.

Para saber efetivamente o que se passa ao seu redor, é importante transmitir segurança ao se comunicar. Um dos pilares da liderança é a confiança. É impossível liderar um grupo que não confia

---

[1] Abraham Lincoln, *apud* Paulo Eduardo Laurenz Buchsbaum (pesquisa e seleção), *Frases geniais* (Rio de Janeiro: Ediouro, 2004), p. 147.

em você. Você pode inspirar confiança nos outros sendo coerente com o que fala e faz e criando um ambiente seguro.

A base do aprendizado é a segurança. Se você não for capaz de desenvolver um ambiente seguro no qual as pessoas se sintam à vontade para exprimir suas opiniões, provavelmente, elas se sentirão intimidadas; você não terá acesso ao que realmente elas estão pensando e perderá a oportunidade de prevenir problemas ou de receber ótimas ideias. Para criar um ambiente seguro, elimine o sarcasmo e o cinismo do seu discurso. Em geral, nos ambientes em que as pessoas se sentem intimidadas, a verdade está encoberta; quando um problema vem à tona, ele assume proporções tão grandes que a energia e os custos despendidos para solucioná-lo são muito altos. Em vez de apagar incêndios, desative bombas.

O que você pode fazer para inspirar confiança nos outros

FALE A VERDADE

Você não precisa contar tudo a respeito do que acontece para as pessoas, mas se deseja construir um relacionamento baseado na confiança é preciso ser honesto e sincero no que decidir contar. Se as suas palavras não forem coerentes com o seu tom de voz e com os seus gestos, as pessoas não saberão no que devem acreditar.

SEJA CONSISTENTE

A confiança só pode ser desenvolvida com um mínimo de consistência. Se o seu pessoal o considera um bom líder, mas percebe que você está sujeito a extremas variações de humor, não vai confiar em você totalmente. É hora de aprender a gerenciar as suas emoções, parar e pensar antes de agir.

SEJA DISCRETO

Não comente com terceiros informações que alguém lhe confidenciou. Se a pessoa descobrir que você não respeitou sua confidencialidade, ela se sentirá traída.

Aspectos da comunicação eficiente

> Nada é mais fácil do que dizer palavras. Nada é mais difícil do que vivê-las dia após dia.
>
> *Autor desconhecido*[2]

Levando-se em conta que as mensagens transmitidas podem ser facilmente distorcidas e mal-interpretadas, é essencial desenvolver a habilidade de se comunicar de forma eficiente.

OS GESTOS EXERCEM MAIS IMPACTO QUE AS PALAVRAS E O TOM DE VOZ NA COMUNICAÇÃO

Estudos demonstraram que, numa apresentação diante de um grupo de pessoas, 55% do impacto é determinado pelos gestos, 38% pelo tom de voz e somente 7% pelas palavras.[3] A constatação diante desses números é simples: as pessoas prestam mais atenção ao que você faz do que ao que você fala. Para aumentar as chances de exercer influência, é fundamental manter a coerência entre o que se faz e o que se diz.

---

[2] Autor desconhecido, *apud* Paulo Eduardo Laurenz Buchsbaum (pesquisa e seleção), *Frases geniais*, cit., p. 146.

[3] Albert Merhabian & Susan R. Ferris, "Inference of Attitudes from Nonverbal Communication in Two Channels", *apud* Joseph O'Connor & John Seymour, *Introdução à programação neurolinguística: como entender e influenciar as pessoas* (São Paulo: Summus, 1995), p. 34.

O RESULTADO DA COMUNICAÇÃO NÃO É O QUE VOCÊ DESEJA TRANSMITIR, MAS, SIM, O RESULTADO QUE VOCÊ OBTÉM

Em outras palavras, o resultado da comunicação não é o que você fala, mas, sim, o que o outro entende. Você pode ter as melhores intenções ao se comunicar com alguém, entretanto o resultado da comunicação pode não ser o que você espera, porque depende de como o seu interlocutor recebe o que você fala. Para evitar mal-entendidos, escolha cuidadosamente os seus gestos, as suas palavras e o seu tom de voz, sobretudo em situações de conflito.

DONA MARTA ESCORREGOU EM GRÃOS DE ARROZ NUM SU-PERMERCADO E PODERIA TER SOFRIDO UM ACIDENTE SÉRIO. IMEDIATAMENTE, ELA COMUNICOU À GERENTE O OCORRIDO PARA EVITAR MAIS ACIDENTES. SÔNIA, A GERENTE DO SUPER-MERCADO, RESPONDEU PRONTAMENTE: "NÃO SE PREOCU-PE, FOFA, EU VOU PROVIDENCIAR IMEDIATAMENTE ALGUÉM PARA VARRER O CORREDOR". DONA MARTA OFENDEU-SE POR SER CHAMADA DE "FOFA" E FEZ UMA RECLAMAÇÃO AO SERVI-ÇO DE ATENDIMENTO AO CLIENTE.

O que deu errado?

Dona Marta sentiu-se profundamente ofendida porque, na percepção dela, a gerente foi irônica ao usar a palavra "fofa". Por outro lado, a gerente achou que dona Marta foi injusta, e garantiu que, em nenhum momento, teve a intenção de ofendê-la. Os outros colaboradores do supermercado testemunharam que a gerente tinha o hábito de chamar a todos de "fofo" ou "fofa".

Como evitar o conflito?

Não use palavras que possam ser potencialmente ofensivas para a outra pessoa, sobretudo em situações tensas. As suas palavras, os seus gestos e o seu tom de voz devem transmitir respeito. Ao comunicar-se é essencial levar em conta o ponto de vista do outro. Não interessa se a palavra não é ofensiva para você, o que realmente importa é se a palavra é ofensiva para o seu ouvinte.

Na dúvida, não arrisque. Em situações de conflito, é preferível manter um tom formal. A gerente poderia ter dito simplesmente: "Vou providenciar alguém para varrer o corredor imediatamente, *senhora*". Lembre-se de perguntar para as pessoas como elas gostariam de ser chamadas. Evite usar apelidos sem consultá-las previamente. Elas podem sentir-se ofendidas, e isso pode gerar conflitos.

O QUE É ÓBVIO PARA VOCÊ PODE NÃO SER ÓBVIO PARA QUEM O ESCUTA

Evite o uso de conceitos subjetivos para se comunicar, pois isso pode gerar muitas confusões. Cada pessoa atribui um significado diferente às palavras, então, se você deseja ser bem compreendido, seja específico e use palavras que o outro entenda. Veja alguns exemplos de conceitos subjetivos:

EVITE	SEJA PROFISSIONAL.
PREFIRA	ENTREGUE PONTUALMENTE O RELATÓRIO AMANHÃ ÀS 14 HORAS.
EVITE	TENHA RESPEITO PELAS PESSOAS.
PREFIRA	AO FALAR COM OS CLIENTES, OLHE NOS OLHOS DELES.
EVITE	TENHA COMPROMISSO.
PREFIRA	ENTREGUE OS PRODUTOS PARA O CLIENTE NO PRÓXIMO DIA 17 ÀS 10 HORAS.

O que significam, para você, os conceitos *profissionalismo, respeito e compromisso*? E para quem os escuta? Eu não sei. Não parta do princípio que a outra pessoa entenderá esses conceitos da mesma forma que você os compreende. Não perca o seu tempo esperando que a outra pessoa adivinhe o que você está pensando. Fale especificamente o que você quer e, se necessário, inclua as informações *onde, com quem, quando* e *como*. Não se trata de aborrecer os outros com detalhes desnecessários. O objetivo é que o outro tenha a compreensão exata do que você está transmitindo. Pense, agora, no tempo perdido e na *energia* que foi necessária para corrigir as consequências de uma comunicação ineficiente, como a que aconteceu no caso de dona Marta, que gerou desperdício de tempo, de dinheiro e desgaste emocional.

SIMPLIFIQUE A MENSAGEM

> Ser simples é complicado.
> *Amália Rodrigues*[4]

Bons comunicadores se preocupam em simplificar a mensagem para que os outros a compreendam. Leve em consideração que conceitos fáceis de entender são transmitidos com mais facilidade. Escolher o caminho da complicação gera, na maioria das vezes, sono e desatenção do ouvinte. Evite algumas armadilhas que podem distrair quem está escutando:

- apresentar slides com muitos gráficos e informações;
- ultrapassar o tempo disponível em uma reunião;
- exceder-se nos gestos;

---

[4] Amália Rodrigues, *apud* Roberto Duailibi, *Duailibi das citações* (5ª ed. São Paulo: Arx, 2004), p. 127.

COMUNICAÇÃO

- ❧ falar com pouca expressão (falar muito baixo ou com o mesmo tom de voz o tempo todo);
- ❧ utilizar linguagem sexista ou de baixo calão, mesmo que a sua intenção seja somente fazer uma piada. O que pode ser engraçado para você pode não ser para outra pessoa.

Mantenha o foco em quem escuta

> Um bom discurso deve esgotar o tema, e não os ouvintes.
>
> *Winston Churchill*[5]

Quando você fala, é preciso ficar atento às reações da outra pessoa. Se você perceber que o seu ouvinte está distraído, varie a forma de apresentação. Você pode, por exemplo, gerar mais interação com ele fazendo perguntas, apresentando mais exemplos e, se necessário, até mesmo propondo uma pausa ou uma mudança física. Só não vale ser enfadonho. Antes de falar, pense como você poderia transmitir a mesma mensagem de forma resumida.

Dê o exemplo

A liderança é uma habilidade que pode ser aprendida e, como qualquer outra habilidade, aprendemos observando os outros e seguindo modelos. Para exercer influência sobre os outros não basta falar, é preciso que você demonstre com o seu comportamento o que você espera.

As pessoas podem reagir de maneiras diferentes diante de uma mesma situação. O fato de conviver num ambiente hostil não fará de você uma pessoa *necessariamente* agressiva. Da mesma forma,

---

[5] Winston Churchill, *apud* Roberto Duailibi, *Duailibi das citações*, cit., p. 153.

o fato de você tratar as pessoas ao seu redor com respeito não fará com que os outros façam *necessariamente* a mesma coisa. Mas, quando se trata de aprendizagem, dar o exemplo aumenta muito as chances de as pessoas criarem uma referência e reproduzirem um comportamento que observam no dia a dia.

Dorothy Law Nolte escreveu um poema que se tornou um clássico e nos permite refletir sobre como o exemplo que os pais dão aos filhos em sua vida diária pode exercer grande influência sobre eles. O seu comportamento também pode ser um exemplo e exercer influência sobre os outros, sejam eles sua equipe, sejam seus filhos.

AS CRIANÇAS APRENDEM O QUE VIVENCIAM

Se as crianças vivem ouvindo críticas,
aprendem a condenar.
Se convivem com a hostilidade,
aprendem a brigar.
Se as crianças vivem com medo,
aprendem a ser medrosas.
Se as crianças convivem com a pena,
aprendem a ter pena de si mesmas.
Se vivem ridicularizadas, aprendem a
ser tímidas.
Se convivem com a inveja, aprendem
a invejar.
Se vivem com a vergonha, aprendem
a sentir culpa.
Se vivem sendo incentivadas,
aprendem a ter confiança em si
mesmas.
Se as crianças vivenciam a tolerância,
aprendem a ser pacientes.

COMUNICAÇÃO

Se vivenciam os elogios, aprendem a apreciar.
Se vivenciam a aceitação, aprendem a amar.
Se vivenciam a aprovação, aprendem a gostar de si mesmas.
Se vivenciam o reconhecimento, aprendem que é bom ter um objetivo.
Se as crianças vivem partilhando, aprendem o que é generosidade.
Se convivem com a sinceridade, aprendem a veracidade.
Se convivem com a equidade, aprendem o que é justiça.
Se convivem com a bondade e a consideração, aprendem o que é respeito.
Se as crianças vivem com segurança, aprendem a ter confiança em si mesmas e naqueles que as cercam.
Se as crianças convivem com afabilidade e amizade, aprendem que o mundo é um bom lugar para se viver.

Dorothy Law Nolte[6]

---

[6] Dorothy Law Nolte & Rachel Harrys, *As crianças aprendem o que vivenciam* (Rio de Janeiro: Sextante, 2003), pp. 6-7.

Iniciativa

> Até a decisão correta torna-se errada
> se tomada tarde demais.
>
> *Lee Iacocca*[1]

Você já deve ter ouvido a seguinte citação: "Todo mundo tem uma grande ideia debaixo do chuveiro. Entretanto, apenas algumas pessoas saem do chuveiro, enxugam-se e concretizam a ideia".[2] Se você deseja exercer influência sobre a sua vida e a dos outros, não basta ter ideias brilhantes, é preciso criar um plano de ação para colocá-las em prática, e isso só é possível se você tiver iniciativa.

O primeiro passo para desenvolver a sua iniciativa é perceber o que acontece ao seu redor. As pessoas que não tomam conhecimento do que está ocorrendo, como se estivessem anestesiadas, têm pouca probabilidade de exercer influência sobre os acontecimentos ou sobre qualquer coisa que seja. Quando algo dá "certo" ou "errado", é preciso descobrir *como* e *por que* aconteceu desta ou

---

[1] Lee Iacocca *apud* John C. Maxwell, *As 21 indispensáveis qualidades de um líder* (Rio de Janeiro: Thomas Nelson, 2007), p. 73.

[2] Adaptado de John C. Maxwell, *As 21 indispensáveis qualidades de um líder*, cit., p. 74.

daquela forma. Somente assim é possível repetir o que deu certo ou mudar a estratégia para acertar da próxima vez.

As pessoas que têm iniciativa fazem as coisas acontecerem, isso implica assumir mais riscos e, eventualmente, obter os resultados esperados. Quando você tem iniciativa e age para mudar uma situação, não significa que será sempre bem-sucedido; mas não ter iniciativa para agir significa com certeza que as coisas não vão mudar.

> Faça o que puder, com o que você tiver, onde você estiver.
>
> *Theodore Roosevelt*[3]

Se você esperar pelo momento ideal para agir, provavelmente vai ficar estagnado, porque é tentador encontrar desculpas para não sair de sua zona de conforto. Suprima do seu discurso frases como: "Quando eu tiver 'x', eu vou fazer 'y'", "Quando eu tiver tempo, eu vou começar a estudar". Pare de pensar em termos de futuro, viva o presente e faça o que estiver ao seu alcance para obter o que você quer. Não tem tempo suficiente para estudar? Tudo bem, estude no tempo que você tem disponível. Não use a falta de tempo como desculpa para não agir.

Uma das formas de aumentar a sua percepção dos acontecimentos para adotar ações eficientes é o conceito dos Cinco Ritmos® proposto por Gabrielle Roth.[4] No livro *Os ritmos da alma: o movimento como prática espiritual*,[5] a autora descreve o resultado de anos de observação sobre como a energia se move nas pessoas e na vida. Os Cinco Ritmos® de Gabrielle Roth constituem uma

---

[3] Theodore Roosevelt, *apud* Stephen R. Covey, *Princípios essenciais das pessoas altamente eficazes* (Rio de Janeiro: Sextante, 2004), p. 22.

[4] Para mais informações sobre os Cinco Ritmos, ver http://www.gabrielleroth.com.

[5] Gabrielle Roth, *Os ritmos da alma: o movimento como prática espiritual* (São Paulo: Cultrix, 2005).

prática corporal baseada no movimento que nos permite refletir e perceber como nos relacionamos conosco e com os outros. Ela usa metáforas para identificar determinados ritmos que não devem ser interpretadas de maneira rígida. Esse recurso nos ajuda a entender melhor como nos relacionamos com o mundo, com o outro e com nós mesmos.

O conceito dos Cinco Ritmos® nos ajuda a refletir e a perceber diferentes "movimentos". Os ritmos identificados por Roth são: *fluente, staccato, caos, lírico* e *quietude*. Cada um deles está associado a determinado conceito:

❧ Fluente: associado à fluidez e à descoberta;

❧ *Staccato*: associado à definição;

❧ Caos: associado à flexibilidade;

❧ Lírico: associado à criatividade;

❧ Quietude: associado à parada e à reavaliação.

> A energia move-se em ondas.
> Ondas movem-se em padrões.
> Um ser humano é tudo isso:
> energia, ondas, padrões, ritmos.
> Nada mais. Nada menos.
> Uma dança.
>
> *Gabrielle Roth*[6]

Eu tomei conhecimento do trabalho de Roth em um *workshop* ministrado por Robert Dilts[7] e Deborah Bacon intitulado "Os Cinco Ritmos e o Poder Criativo das Equipes",[8] em que eles de-

---

[6] Gabrielle Roth, *Sweat Your Prayers: the Five Rhythms of the Soul* (Nova York: Tarcher Penguin, 1998), p. 27.

[7] Para mais informações, ver http://www.nlpu.com; e-mail: rdilts@nlpu.com.

[8] Robert Dilts & Debora Bacon, "The Five Rhythms© and Dynamic Teaming", *workshop* realizado em Campinas, SP, 2007.

monstravam como o uso do conceito dos Cinco Ritmos pode gerar mais criatividade e colaboração em equipe. Esse conceito pode ser aplicado a inúmeras situações: por exemplo, criar um treinamento eficiente ou identificar o tipo de "movimento" que desejamos para nossa equipe ou para nossa vida. Os autores propõem as seguintes perguntas para avaliar as necessidades da equipe:

- O que é necessário para o trabalho fluir?
- O que é necessário para ter mais definição do que queremos?
- Em que ponto é necessário ter mais flexibilidade?
- Em que ponto é necessário ter mais criatividade?
- Quando é necessário parar, reavaliar e mudar?

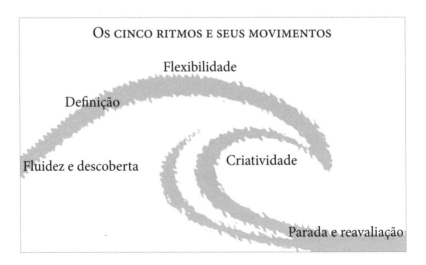

Baseando-me no trabalho de Dilts e Bacon e nas perguntas anteriores, eu desenvolvi um questionário com o objetivo de fazer uma avaliação mais aprofundada de suas atuais necessidades ou das de sua equipe para definir uma estratégia adequada para o momento presente. No que diz respeito à liderança (no sentido de influência), as metáforas dos Cinco Ritmos® são muito úteis para avaliarmos a situação atual e fazer o levantamento de necessidades de uma pessoa ou de um grupo.

Em outras palavras, a pessoa ou o grupo com quem você se relaciona está em movimento permanente; para exercer influência sobre esse grupo, é preciso perceber onde você e ele estão, e para onde você gostaria de conduzi-lo. Somente após essa percepção é possível traçar um plano de ação. Assim, para se relacionar melhor com o outro, é necessário identificar em que ritmo você se encontra e perceber o ritmo dele. Dessa forma, você pode adotar ações adequadas para cada momento específico.

Identifique o que você ou o seu grupo precisam e crie estratégias para alcançar o resultado desejado. Pode ser que você sinta a necessidade de criar mais de um objetivo para diferentes ritmos. De que você ou o seu grupo mais precisam agora? Seria fluidez, definição, flexibilidade, criatividade ou seria parar tudo e mudar de direção? Ao responder as perguntas a seguir ou refletir a respeito delas, você vai identificar o ritmo que trará mais impacto para você ou para seu grupo neste momento.

Fluidez e descoberta (ritmo fluente)

Imagens: nuvens se movimentando, pipa se movendo no céu.

Reflexões:

- O que é necessário fazer para o trabalho fluir?
- Quais são os conflitos ou as normas que impedem a realização do trabalho?
- Em que ponto existe inércia? Em que ponto o trabalho parece estar emperrado?

- É possível simplificar (desburocratizar) algum procedimento para que o trabalho possa fluir?
- O estresse e o esforço excessivos bloqueiam a fluência. Existe algo que pode ser feito para aliviar o estresse do grupo? A equipe está esgotada e isso se reflete na produtividade?
- Que ações podem ser tomadas para melhorar as condições de trabalho e a qualidade de vida do grupo?
- Estou disposto a investir energia para descobrir novas formas de realizar o trabalho de forma mais eficiente?

Definição (ritmo *staccato*)

Imagens: relâmpago e batidas do coração.

Reflexões:

- Em que ponto é necessário ter mais clareza e definição do que queremos?
- São desencadeados conflitos por falta de definição ou clareza dos objetivos ou dos papéis de cada pessoa?
- É necessário ser mais específico com relação aos objetivos e aos papéis de cada membro do grupo?
- Quais são as áreas que exigem planejamento mais detalhado para alcançar um objetivo?
- As pessoas têm os recursos necessários para alcançar os objetivos?
- Quais são as áreas que exigem mais organização?
- Em que ponto precisamos manter o foco?
- Nossas prioridades precisam ser redefinidas?
- Minhas definições são coerentes com as do meu grupo?

- Dou direção e oriento suficientemente o meu grupo para que ele se sinta seguro?
- Deixo claro aos meus colaboradores o que eu espero de cada um deles?
- Uso palavras que dão margem a dupla interpretação? Posso ser mais específico?
- Sou excessivamente controlador e dominador?

Flexibilidade (ritmo caos)

Imagens: furacão, pipoca estourando.

Reflexões:

- Em que ponto é preciso ter mais flexibilidade?
- Alguns conflitos são resultado de excesso de rigidez?
- Alguns acordos ou normas podem ser negociados?
- As pessoas têm flexibilidade para aceitar e colocar em prática novas ideias?
- O que eu posso fazer para estimular a mudança no grupo?
- Tenho flexibilidade para lidar com pessoas que têm pontos de vista diferentes dos meus?

Criatividade (ritmo lírico)

Imagens: flocos de neve, confetes.

Reflexões:

- Existe algum conflito gerado por falta de criatividade?
- Alguns conflitos ocorrem porque as pessoas têm medo de exprimir as próprias opiniões?

- Sou capaz de criar um clima seguro em que as pessoas se sentem à vontade para apresentar novas ideias?
- Sou bom ouvinte?
- As pessoas estão acomodadas?
- Como eu posso contribuir para gerar mais criatividade no grupo?

Parada e reavaliação (ritmo quietude)

Esse ritmo também está associado à paz, à calma e ao conceito de parada e reavaliação e, se for o caso, à mudança de estratégia.

Imagens: deserto, gato dormindo.

Reflexões:

- Existe algum conflito gerado porque não paramos e reavaliamos se a estratégia que estamos usando está nos conduzindo para o ponto que desejamos ir?
- Existe uma estratégia melhor para alcançarmos um objetivo?
- Quando é necessário parar tudo e fazer uma reavaliação da situação?
- As pessoas têm feito silêncio adequado para poderem trabalhar de maneira eficiente?
- Tenho um espaço reservado (sem interferências) para poder conversar sobre assuntos confidenciais com os meus colaboradores?
- Respeito a privacidade do outro?
- Como eu posso contribuir para que determinadas informações não "vazem" para pessoas que não estão envolvidas em determinado problema?
- Tenho autocontrole emocional e paciência com o outro?

INICIATIVA

Você está consciente das consequências que suas decisões provocam nas pessoas? É importante se fazer esta pergunta porque, ao enfrentar um conflito, é fundamental identificar o que você faz para perpetuar determinada situação, mesmo que essa não seja a sua intenção.

> Suponha que você deseja que seu filho seja mais organizado e pede que ele guarde seus objetos pessoais no armário. Você já sabe que ele raramente guarda as coisas dele no devido lugar e toda vez você mesmo as recolhe e guarda e continua discutindo com ele. O que contribui para a manutenção do problema é o fato de você sempre arrumar as coisas dele. Como ele poderia agir de maneira diferente se você colabora para que ele não desenvolva o hábito da organização? Você pode pensar: se eu não fizer nada, o quarto dele vai continuar uma bagunça. É bem possível que isso aconteça, mas você só saberá o resultado se tentar novas estratégias, até encontrar uma que funcione.[9]

Não perca tempo e energia buscando um modelo de liderança ideal, embora seja tentador imaginar que existe um modelo adequado a todas as situações, isso não existe, porque as pessoas reagem de formas diferentes a diferentes estímulos. Considero um papel-chave da liderança identificar do que as pessoas precisam em dado momento e ter a habilidade de conduzi-las a preencher essas necessidades.

---

[9] Karim Khoury, *Vire a página: estratégias para resolver conflitos* (São Paulo: Editora Senac São Paulo, 2005), p. 22.

LIDERANÇA É UMA QUESTÃO DE ATITUDE

> Não existe sinal mais concreto de insanidade do que fazer a mesma coisa repetidamente e esperar obter diferentes resultados.
>
> *Albert Einstein*[10]

Nesse sentido, a reflexão sobre o conceito dos Cinco Ritmos® nos ajuda a identificar as necessidades de uma pessoa ou do grupo num dado momento e nos permite refletir se a estratégia que usamos nos conduz ao resultado que queremos. E se ela não está sendo eficiente? A resposta é que podemos desenvolver a nossa flexibilidade e mudar de estratégia.

---

[10] Albert Einstein, *apud* Paul Arden, *It's Not How Good you Are, it's How Good you Want to Be* (Londres: Phaidon Press, 2003), p. 51.

Respeito

Respeite os mais velhos...
e os mais novos.

Autor desconhecido[1]

Atitude essencial da liderança é o respeito que você adquire das pessoas. O respeito não é algo que pode ser fingido, e se você não estiver genuinamente interessado nas pessoas, é pouco provável que seja capaz de influenciá-las positivamente. Você nunca terá o respeito verdadeiro das pessoas, a não ser que também as respeite. O raciocínio é muito simples: respeito gera respeito e humilhação gera, no mínimo, ressentimento ou raiva.

Reflita: que tipo de reação emocional você tem quando se sente humilhado?

São inúmeras as situações em que se observam pessoas humilhando outras. Muitos recepcionistas de empresas, por exemplo, atendem de maneira mais ou menos cortês de acordo com a condição social ou o *status* da pessoa. Embora a humilhação acon-

---

[1] Autor desconhecido, *apud* Paulo Eduardo Laurenz Buchsbaum (pesquisa e seleção), *Frases geniais*, cit., p. 169.

teça de forma disfarçada, ela é facilmente detectada. Às vezes, o desprezo pode ser expresso por um simples olhar ou por uma atitude que ignora o outro. Você afirmaria com segurança que todos que passam pela recepção de sua empresa são atendidos com o mesmo respeito? É preciso estar atento a qualquer tipo de discriminação, pois em muitos setores corremos o risco de perder clientes em função da má qualidade do atendimento. Não tem jeito: o atendimento é um critério importante de decisão quando optamos por um produto ou serviço.

Suponha que um executivo, que faça parte do conselho administrativo, visite a empresa eventualmente, principalmente nas reuniões do conselho. Numa dessas visitas, ele aproveita para conferir a qualidade do atendimento. Informa ao recepcionista que tem uma reunião marcada e aguarda na recepção. Ele toma o cuidado de não usar terno e gravata para não ser identificado como um executivo da empresa. Um dos recepcionistas o faz esperar desnecessariamente por vinte minutos, além de recebê-lo sem olhar nos seus olhos e, enquanto anota os dados para credenciá-lo no sistema, atende uma ligação particular no telefone celular. Esse exemplo de mau atendimento é suficiente para o recepcionista ser despedido da empresa.

O que deu errado? Embora o recepcionista tivesse a reputação de oferecer um ótimo atendimento, ele discriminava as pessoas que não faziam parte do quadro da empresa. Não basta agir de forma honesta, justa, digna, cortês, com disponibilidade e atenção somente com algumas pessoas. Todas as pessoas com as quais nos relacionamos, dentro e fora da empresa, merecem respeito. Provavelmente, passamos mais tempo com as pessoas com quem trabalhamos do que com a nossa própria família. Você trata todos com respeito e dignidade? Essa atitude depende exclusivamente de você.

O fato é que, quando a humilhação ocupa o lugar do respeito, pode surgir um processo de assédio moral. Além de gerar muito estresse no funcionário e queda da sua produtividade, isso pode custar também muito caro para a empresa. Do ponto de vista jurídico, "o importante, para a configuração do assédio moral, é a presença de conduta que vise a humilhar, ridicularizar, menosprezar, inferiorizar, rebaixar, ofender o trabalhador, causando-lhe sofrimento físico e psíquico".[2] A humilhação ocorre geralmente de forma repetitiva e prolongada.

O conceito de humilhação é subjetivo. O que pode ser interpretado como humilhação por uns, pode não ser por outros. Algumas pessoas, por seu histórico de vida, podem interpretar qualquer comentário objetivo como uma humilhação, e alguns gestores podem não ter consciência de como o modo com que se comunicam afeta seus colaboradores. De qualquer forma, o assédio moral normalmente ocorre com o objetivo de criar pressões, físicas ou psicológicas, para que o funcionário se demita.

Marie France Hirigoyen, autora do livro *Mal-estar no trabalho*,[3] psiquiatra francesa e pioneira no estudo do tema, classifica as formas de assédio moral mais comuns.

Atentado às condições de trabalho

A pessoa não tem as ferramentas necessárias para realizar seu trabalho. Quando isso ocorre, ela pode sentir-se incompetente, pois não consegue realizar suas tarefas corretamente. Algumas formas desse tipo de assédio são:

---

[2] José Luiz Wagner *et al.* (orgs.), *Cartilha informativa sobre assédio moral*, junho de 2004, p. 5, disponível em http://www.inacioepereira.com.br.

[3] Marie France Hirigoyen, *Mal-estar no trabalho* (Rio de Janeiro: Bertrand Brasil, 2002).

- não transmissão das informações necessárias para a realização de uma tarefa;
- não acesso do trabalhador a ferramentas (computador, telefone, fax, instrumentos de produção) para exercer adequadamente suas funções;
- atribuição de funções muito inferiores ou muito superiores à capacidade do trabalhador;
- atribuição de funções incompatíveis com o estado de saúde do trabalhador;
- atribuição de funções impossíveis de serem cumpridas.

Isolamento progressivo do trabalhador e recusa de comunicação direta com ele

- A comunicação com a pessoa passa a ocorrer exclusivamente por escrito, e os demais não lhe dirigem mais a palavra diretamente.
- O trabalhador é transferido para um local isolado de sua equipe.
- A gerência ignora a presença do trabalhador e dirige a palavra somente às outras pessoas da equipe.

Atentado à dignidade do trabalhador

- O trabalhador é desacreditado diante dos demais.
- A vida pessoal do trabalhador é criticada.
- Há discriminação das orientações sexuais, crenças religiosas ou de convicções políticas.
- O trabalhador é rotulado como doente mental.

RESPEITO

Violência verbal, física ou sexual

ॐ O trabalhador é ameaçado fisicamente.

ॐ Invade-se a vida pessoal do trabalhador por meio de cartas ou telefonemas.

ॐ Ocorre assédio ou violência sexual por meio de gestos ou propostas.

ॐ Não são levados em conta os problemas de saúde do trabalhador.

É importante lembrar que a gravidade das consequências do assédio moral para a saúde depende da duração e frequência das humilhações e da vulnerabilidade da pessoa assediada. Entre as principais consequências diretas para a saúde observam-se: estresse, depressão, insônia, diminuição da capacidade de concentração, isolamento, pessimismo, aumento da pressão arterial, redução da libido, abuso de álcool e drogas e desestabilização emocional.

Quando pensamos em assédio moral, em geral nos referimos às consequências diretas para a saúde do trabalhador. O clima de medo e de humilhação tem efeito direto sobre a produtividade e a motivação das pessoas, sem falar no estresse e no aumento da rotatividade da mão de obra. O caminho mais eficiente para resolver o problema de assédio moral é a prevenção. Como vários líderes têm uma visão extremamente prática, e voltada para resultados, é bastante útil demonstrar como o assédio moral custa caro para as empresas, sobretudo quando resulta em processo trabalhista.

Além disso, à medida que a mídia expõe os processos ganhos por pessoas vítimas de assédio moral, as empresas começam a se conscientizar da importância da prevenção e do combate a esse mal. Em tempos de responsabilidade social, um processo trabalhista por assédio moral pode projetar uma imagem negativa da empresa no mercado.

Por mais estranho que possa parecer, o assédio moral acontece não só como forma de pressionar e afastar uma pessoa, mas também como forma específica de gestão. O assédio moral no trabalho pode acontecer tanto nas empresas públicas quanto nas privadas. No caso das empresas públicas, como o chefe, em alguns casos, não pode demitir o servidor público, ele passa a humilhá-lo e sobrecarregá-lo de tarefas sem importância como forma de "pressionar" esse servidor a se afastar do cargo ou a ser transferido de setor.

O assédio moral nem sempre ocorre entre superior e subordinado, ele também pode ocorrer entre colegas do mesmo nível hierárquico ou a partir de subordinados para um superior. Assim, é possível classificar três formas de assédio moral:

৵ Vertical: ocorre do superior para o subordinado; por exemplo, quando o superior quer afastar um subordinado do cargo e cria pressão para que isso aconteça. Também pode ocorrer quando o modelo de gestão adotado gera situações humilhantes no ambiente de trabalho;

৵ Horizontal: ocorre entre colegas de mesmo nível hierárquico; por exemplo, quando dois colegas disputam a mesma vaga e um tenta prejudicar o outro com o objetivo de levar vantagem para ser escolhido para o cargo;

৵ Ascendente: ocorre a partir dos subordinados para o superior; por exemplo, quando a equipe não reconhece determinada liderança e começa a agir com a intenção de prejudicá-la. Pode ocorrer também quando o subordinado acusa falsamente seu superior de assédio sexual ou quando a equipe não reconhece o novo líder que lhe é imposto em caso de fusões ou incorporações de empresas e começa a fazer pressão para que o "intruso" abandone o cargo.

No que diz respeito à liderança, pela minha experiência, considero muito arriscado dizer que a chefia *sempre* tem a intenção de prejudicar o funcionário. Reconheço que algumas empresas adotam o modelo de gestão baseado no medo e nas ameaças e acreditam, mesmo de maneira inconsciente, que seus funcionários trabalharão mais e melhor se forem pressionados. Nesse contexto, muitos gestores acabam humilhando seus colaboradores e nem se dão conta disso.

Entretanto é preciso levar em conta que, em determinadas profissões, as pessoas que são escolhidas para assumir o cargo de liderança têm um conhecimento técnico mais aprofundado que as outras num determinado assunto. O conhecimento técnico não tem nada a ver com a habilidade de gerir pessoas. Não estou querendo sugerir que um profissional não possa conhecer muito bem um assunto tecnicamente e ser um ótimo gestor de pessoas ao mesmo tempo, o que estou querendo dizer é que isso nem sempre acontece.

Quando um profissional é muito competente tecnicamente, mas não tem habilidade para gerir pessoas, esse contexto pode ser favorável para o surgimento do assédio moral no trabalho. Assim, esses líderes, apesar de não terem a intenção de prejudicar ninguém, acabam fazendo com que os seus subordinados passem por humilhações e constrangimentos no ambiente de trabalho. Nesse caso, o assediador não costuma ter habilidades desenvolvidas de comunicação, de liderança, nem sempre sabe trabalhar sobre pressão e usa a equipe como válvula de escape para as pressões que ele mesmo sofre de seus superiores. Acredito que nessas circunstâncias o assédio moral é *mais* resultado da falta de preparo da liderança e da falta de habilidade de comunicação do que da intenção de fazer o mal ou de prejudicar alguém.

Em alguns casos, o profissional que assume um cargo de liderança não tem nem qualificação técnica nem preparo para o desempenho da função, o que pode influenciar comportamentos arbitrários da liderança e o surgimento do assédio moral no ambiente de trabalho.

Ressalto que a liderança é uma habilidade que pode ser desenvolvida. Se você tem ou irá assumir um cargo de liderança, prepare-se para desempenhar a função de gestor de pessoas. Um treinamento específico, que visa ao desenvolvimento ou à reciclagem de habilidades de liderança, e à sua vontade de aprender contribuem muito para eliminar o assédio moral do ambiente de trabalho.

O doutor Aparecido Inácio,[4] advogado especialista em direito trabalhista e um dos estudiosos do assédio moral no Brasil, afirma que, embora a legislação específica sobre esse assunto ainda esteja em fase de elaboração no país, existem várias leis e projetos de lei em andamento. Se você sofrer assédio moral, pode adotar as estratégias a seguir.

❧ A primeira atitude é anotar o que acontece: fazer um registro detalhado do dia a dia do trabalho, procurando coletar provas do assédio como, por exemplo, documentos que mostrem a atribuição de tarefas impossíveis de serem cumpridas ou inúteis. Além disso, procurar conversar com o agressor sempre na presença de testemunha, de preferência um colega de confiança.

---

[4] Sócio do escritório Aparecido Inácio e Pereira advogados associados; para mais informações sobre assédio moral, ver http://www.inacioepereira.com.br.

RESPEITO

❧ É importante reforçar a solidariedade no local de trabalho como forma de coibir o agressor, criando uma rede de resistência às condutas de assédio moral.

❧ Também podem ser exigidas explicações do agressor por escrito, por meio de carta ao departamento de recursos humanos, guardando-se sempre o comprovante do envio e a possível resposta.

❧ Se nada disso resolver o problema, deve-se procurar orientação jurídica.

No que diz respeito à gestão de pessoas, as seguintes ações podem ajudá-lo a prevenir-se de um processo de assédio moral.

❧ Faça críticas construtivas ou dê *feedback,* lembrando-se de transmitir respeito nas suas palavras, nos seus gestos e no tom de voz.

❧ Garanta que os trabalhadores tenham os recursos necessários (equipamento, tempo, espaço físico, informações) para cumprir uma tarefa.

❧ Interrompa o fluxo da humilhação. Imagine que alguém o humilhe em determinada situação. Isso não é motivo para você humilhar a sua equipe. Um erro não justifica outro. Nós tendemos a seguir um exemplo, portanto, fique atento aos comportamentos que você decide adotar.

Construção de relacionamentos

Aproximar-se é um começo; manter-se juntos, um progresso; trabalhar juntos, um sucesso.

Henri Ford[1]

Para alcançar seus objetivos, tanto pessoais quanto profissionais, é necessário obter cooperação de outras pessoas, e isso só é possível se você construir relacionamentos que tenham como base confiança e credibilidade.

Mesmo que você tenha diversas características de um líder – inteligência, proatividade, criatividade, competência, foco, comprometimento –, se não transmitir segurança e credibilidade, é pouco provável que você possa inspirar ou exercer influência sobre outras pessoas.

Carisma

Homens são como estrelas: alguns geram sua própria luz; outros refletem o brilho que recebem.

José Marti[2]

---

[1]   Henri Ford, *apud* Roberto Duailibi, *Duailibi das citações*, cit., p. 270.
[2]   José Marti, *apud* Paulo Eduardo Laurenz Buchsbaum (pesquisa e seleção), *Frases geniais*, cit., p. 105.

Uma definição simples de carisma é "a habilidade de atrair as pessoas para si"[3] e, ao contrário do que possa parecer, não há nada de sobrenatural ou místico no conceito de carisma. Assim como outras habilidades são desenvolvidas, o carisma também pode ser. É pouco provável que uma pessoa que atraia a atenção de outras não estabeleça nenhum tipo de conexão com elas.

Para ter uma ideia do que as pessoas carismáticas fazem para atrair a atenção para si, faça o seguinte exercício: primeiramente, pense em uma pessoa que você não gostaria de ter por perto de você. O que faz você se afastar dela? Anote em uma folha de papel suas respostas. Em seguida, pense no comportamento de uma pessoa que atrai sua atenção. O que ela faz para que isso aconteça? Novamente, anote, ao lado da primeira lista, suas impressões; releia tudo o que você escreveu. Assim, você terá uma ideia do que as pessoas carismáticas fazem para atrair as outras.

Algumas das características mais marcantes das pessoas carismáticas que podem ter aparecido na sua lista são: simpatia, honestidade, sinceridade, transparência, coerência. Em outras palavras, uma forma de atrair a atenção é mantermos a coerência entre o que falamos e o que fazemos.

Uma das particularidades mais valiosas das pessoas carismáticas é a generosidade. Elas se preocupam em compartilhar conhecimento e experiências de vida com os outros; para que isso aconteça, é preciso "abrir-se", mesmo que seja um pouco. Não é possível ter afinidade com quem não se conhece.

Como observam Barbara Pachter e Ellen Coleman:

> Em várias culturas, você precisa estabelecer um relacionamento pessoal antes de fazer negócios. Não fique impaciente

---

[3]   John C. Maxwell, *As 21 indispensáveis qualidades de um líder*, cit., p. 23.

CONSTRUÇÃO DE RELACIONAMENTOS

com a etapa "deixe-a-outra-parte-conhecê-lo"; isso constrói um vínculo de confiança. Você pode até gastar muito tempo se socializando, mas repito: trata-se de uma etapa necessária para estabelecer um relacionamento adequado.[4]

Nos relacionamentos profissionais em geral, vamos direto ao assunto e "queimamos" a etapa de permitir que as pessoas nos conheçam melhor e vice-versa; perdemos, assim, uma valiosa oportunidade de construir relacionamentos baseados na confiança. Conversar permite conhecer melhor os outros, estabelecer conexões com novas pessoas e contribui para criar vínculos de confiança.

Vivemos pressionados pelo tempo e, muitas vezes, acreditamos que se não formos "direto ao assunto" (seja nos negócios, seja em outra área) perderemos tempo. Não estou sugerindo que seja necessário conversar durante horas sobre você ou a respeito de seu trabalho, mas ignorar que o conhecimento mútuo ajuda a construir laços de confiança pode custar caro e muito.

Quando ministro um treinamento ou uma palestra, escolho algumas atividades que acredito serem relevantes para o público ao qual me dirijo; tento, assim, criar integração entre as pessoas e "quebrar o gelo". Isso cria vínculos de confiança e permite que a programação flua.

Estabelecer conexões com outras pessoas é uma habilidade a ser desenvolvida. Seguem algumas dicas para estimulá-la:

❧ Se necessário, apresente-se. Se você está conversando com um grupo no qual há uma pessoa que você não conhece e ninguém toma a iniciativa de apresentá-los, você pode falar

---

[4] Barbara Pachter & Ellen Schneid Coleman, *New Rules @ Work: 79 Etiquette Tips, Tools and Techniques to Get Ahead and Stay Ahead* (Nova York: Prentice Hall, 2006), p. 37.

simplesmente: "Meu nome é Paulo, eu acredito que ainda não fomos apresentados".

❧ Se você esqueceu o nome da pessoa, acalme-se. Não há nada de errado nisso. Você pode dizer: "Desculpe-me, mas esqueci o seu nome". Um artifício para lembrar o nome das pessoas em reuniões, por exemplo: troque cartões e deixe-os no seu campo de visão para poder consultar o nome da pessoa.

❧ Converse sobre assuntos interessantes. Reconheço que a palavra *interessante* é subjetiva, o que pode ser adequado para você pode não ser para a outra pessoa. Para não errar, evite assuntos polêmicos sobre sexo, política ou religião. Além disso, não aborde temas que tragam à tona sentimentos negativos como tragédias ou catástrofes. Mantenha um tom "leve e descontraído" na conversa. E, sobretudo, não caia na armadilha de fazer fofocas. Parece simples, não é? Para iniciar uma conversa interessante com um desconhecido sem criar conflitos, é preciso estar informado. Escolha um assunto tendo como base o que saiu em jornais, revistas especializadas, noticiário da tevê, etc.

❧ Faça perguntas abertas. Para continuar a conversa, pergunte, por exemplo: "Há quanto tempo você trabalha para esse grupo?", "Você sempre atuou nessa área?, etc.

❧ Esteja fisicamente presente quando for necessário. Uma das grandes vantagens da internet é a possibilidade de nos comunicarmos rapidamente com várias pessoas. Mas a comunicação virtual não substitui o contato presencial em determinados casos. Às vezes, o que a outra pessoa precisa é conhecê-lo pessoalmente para fechar um negócio ou para contratar os seus serviços. Esteja disponível.

❧ E se der o famoso "branco" e não ocorrer nenhum assunto para iniciar uma conversa? Acalme-se, Pachter e Coleman lembram que as fotos, os diplomas ou os certificados no escritório de alguém podem ser assunto para iniciar uma conversa. Por exemplo, se você vir a foto de uma criança jogando futebol, pode falar algo do tipo: "Meu filho também joga futebol".[5]

❧ Fale sobre você. É importante revelar um pouco de si mesmo para que as pessoas sintam-se seguras e à vontade, e tenham assunto para prosseguir na conversa. Não é necessário falar de nada muito pessoal, mas compartilhar seus interesses contribui para construir relacionamentos sólidos.

Simpatia

É mais fácil obter o que se deseja com um sorriso do que com a ponta da espada.

William Shakespeare[6]

A habilidade de relacionar-se bem socialmente exerce um grande impacto na liderança por diversos motivos. Em primeiro lugar, quanto melhor for o seu relacionamento com uma pessoa, maiores serão as chances de ela escutar com atenção o que você tem a dizer. A respeito de simpatia e liderança, Tim Sanders faz a seguinte reflexão:

Pessoas simpáticas conseguem estabelecer relações mais intensas e conquistam atenção de outras pessoas, o que as leva a desenvolver sua capacidade de liderança e a eliminar mal-entendidos. Equívocos e desentendimentos, aliás,

---

[5] *Ibid.*, p. 31.

[6] William Shakespeare, *apud* Paulo Eduardo Laurenz Buchsbaum (pesquisa e seleção), *Frases geniais*, cit., p. 105.

podem estar na origem de baixos índices de produtividade no trabalho.[7]

Não tenho dúvida de que a simpatia pode favorecer muito o relacionamento entre as pessoas, entretanto, o termo pode dar margem a múltiplas interpretações. O significado a que me refiro da palavra simpatia é ter *disposição favorável* em relação ao outro. Tendemos a agir com reciprocidade quando alguém é simpático ou cordial conosco.

Quanto à liderança, ser simpático não significa em hipótese nenhuma agradar a todos. Refiro-me à maneira como você se comunica; lembre-se de que o significado da comunicação não é o que se pretende transmitir, mas a forma como a outra pessoa "entende" o que foi dito. Mesmo que você tenha ótimas intenções ao se comunicar, fique atento à forma como a outra pessoa recebe a informação. Você pode, por exemplo, fazer uma piada para um amigo com a intenção de ser engraçado, entretanto, ele pode achar sua piada de mau gosto e sentir-se desrespeitado. Nesse caso, seja sincero: você pode desculpar-se e dizer que a sua intenção não era ofender.

A simpatia e seus sinônimos, tais como cordialidade e gentileza, são habilidades que podem ser exercitadas. A que considero mais simples e eficiente é *preocupar-se com o outro* e ficar atento com o modo como ele entende a comunicação. Existem diversas formas de transmitir a mesma mensagem. Observe três maneiras de dizer "Não aceitamos cheques":

ॐ Não aceitamos cheques. Não insista!

ॐ Não aceitamos cheques. Agradecemos sua compreensão.

---

[7] Tim Sanders, *O fator gente boa: desenvolva a simpatia como estratégia para a felicidade e o sucesso* (Rio de Janeiro: Sextante, 2007), p. 40.

CONSTRUÇÃO DE RELACIONAMENTOS

ॐ Aceitamos somente dinheiro ou cartão de crédito. Agradecemos a compreensão.

Observe que, no primeiro exemplo, está implícito que os clientes (mesmo que sejam apenas alguns) são insistentes.

No segundo e no terceiro exemplos, não há julgamento de valor sobre os clientes.

Se você estiver realmente atento ao modo como a outra pessoa entende a comunicação e cuidar para que ela receba a mensagem da forma mais favorável possível (de acordo com o ponto de vista dela), você estará desenvolvendo a habilidade da simpatia e da gentileza.

Não estou querendo dizer que o fato de você ser gentil fará com que a outra pessoa goste de receber más notícias. A questão é que o fato de ser gentil e preocupar-se com o outro, mesmo que você tenha de dar más notícias, aumenta as chances de você ser escutado com atenção, de reduzir conflitos e de preservar relacionamentos. Isso não significa fazer rodeios ao falar ou usar expressões complicadas. Pode-se ser gentil sendo simples e direto, entretanto, fique atento às suas palavras, aos seus gestos e ao tom de voz que usa ao falar e pergunte-se: "Estou transmitindo respeito?", "Existe uma maneira mais gentil de transmitir essa informação?".

Se você valoriza a forma como a outra pessoa recebe a informação e cuida para que ela tenha uma "experiência positiva" ao se comunicar com você, estará fortalecendo seus relacionamentos de maneira eficiente. Nesse sentido, até as atividades consideradas desagradáveis, como ir ao médico ou ao dentista, podem ter impacto positivo sobre o paciente/cliente se o profissional de saúde estabelecer um bom relacionamento com ele.

Gentileza

> Vivemos numa sociedade em que uma simples cortesia é tão incomum que, quando somos gentis, somos tratados como se tivéssemos salvado a vida de alguém.
>
> *Linda Kaplan Thaler & Robin Koval*[8]

Em uma sociedade em que os preços dos produtos e serviços oferecidos são praticamente os mesmos, a qualidade no atendimento passa a ser um critério decisivo na tomada de decisão. Coloque-se no lugar do cliente e leve em consideração a seguinte situação para tomar uma decisão de compra:

Você deve escolher entre o produto A e o produto B, mas ambos são semelhantes tanto no preço como na qualidade e são vendidos em lojas que estão a mais ou menos a mesma distância de onde você está. Em qual loja você comprará? Na que oferece o melhor ou o pior atendimento?

Naturalmente, você optará pelo melhor atendimento. Mas se essa parece ser uma resposta óbvia e lógica, por que alguns estabelecimentos comerciais e de prestação de serviços ainda não valorizam o bom atendimento? Observe algumas justificativas que perpetuam essa atitude:

- Algumas empresas continuam a obter lucro mesmo com atendimento insatisfatório e, portanto, não priorizam a melhoria no relacionamento com o cliente.

---

[8] Linda Kaplan Thaler & Robin Koval, *O poder da gentileza* (Rio de Janeiro: Sextante, 2008), p. 9.

CONSTRUÇÃO DE RELACIONAMENTOS

ঽঌ Falta de visão da gestão.

ঽঌ Resistência a mudanças: a melhoria no atendimento envolve diversas mudanças de comportamento, rotinas de trabalho e procedimentos.

ঽঌ Falta de treinamento.

Acredito que a falta de habilidade para lidar com pessoas difíceis também ocasiona falta de cortesia. Ao ministrar treinamentos para atendimento ao cliente, fui diversas vezes questionado pelos participantes: "Por que eu devo atender com cortesia se ele não é cortês comigo?".

Por um simples motivo: você tem controle sobre o seu comportamento e não sobre o comportamento do outro. Se alguém pode dar o primeiro passo para mudar a situação é você e não o cliente ou a pessoa que não foi cortês com você. Lembre-se de que agressividade gera agressividade, e respeito gera respeito. Não espere para dar o primeiro passo; mudar seu comportamento exerce influência sobre o da outra pessoa.

Num mundo ideal, todas as pessoas estariam de bom humor ao falar conosco e agiriam com cortesia, entretanto, no mundo real isso nem sempre acontece. Não seria sensacional se houvesse um curso específico para ensinar os clientes a se comportarem? Como é pouco provável que isso ocorra, se você lida com pessoas, prepare-se. Praticar a habilidade de resolver conflitos e lidar com pessoas "difíceis" pode melhorar muito sua qualidade de vida. Considero inaceitável tratar os clientes sem cortesia, e acredito que as empresas que ainda não têm um atendimento de qualidade precisam urgentemente mudar, antes que seja tarde demais. Infelizmente, ainda encontro profissionais em estabelecimentos comerciais que parecem estar prestando um grande favor de atender o cliente, em vez de atendê-lo com respeito e cortesia.

LIDERANÇA É UMA QUESTÃO DE ATITUDE

A respeito desse assunto, a escritora Martha Medeiros questiona:

Mas será que nossos empresários nunca ouviram falar em treinamento? A maioria dos estabelecimentos comerciais possui um quadro de funcionários completamente despreparado para atender à população. São pessoas que não valorizam o próprio serviço, não olham os clientes nos olhos e dão a impressão de estar prestando um tremendo favor em desperdiçar o seu sagrado tempo com a gente. Sorriso é raridade. Bom dia, obrigado, volte sempre, latim. Parecem aliviados quando saímos da loja, e se não voltarmos mais, tanto melhor. Abram o olho, patrões. Um dia esta euforia consumista acaba e quem vai precisar de nós são vocês. [9]

Empatia

Quanto mais alta tecnologia há no mundo, mais as pessoas anseiam por um atendimento com um toque pessoal.

John Naisbitt[10]

A definição de empatia na psicologia é: "processo de identificação em que o indivíduo se coloca no lugar do outro e, com base em suas próprias suposições ou impressões, tenta compreender o comportamento do outro".[11] Acrescento que a empatia é a habilidade de colocar-se no lugar da outra pessoa e entender o ponto de vista

---

[9] Martha Medeiros, *Topless* (Porto Alegre: L&PM, 2008), p. 9.

[10] John Naisbitt *apud* Performance Research Associates, *Atendimento Nota 10* (Rio de Janeiro: Sextante, 2008), p. 26.

[11] Antônio Houaiss & Mauro de Salles Villar, *Dicionário Houaiss da língua portuguesa* (Rio de Janeiro: Objetiva, 2001) p. 1125.

CONSTRUÇÃO DE RELACIONAMENTOS

dela sem julgá-la. Colocar-se no lugar da outra pessoa não significa concordar com ela, mas entender o ponto de vista dela facilita muito a comunicação, fortalece e melhora os relacionamentos.

Algumas empresas exigem que seus gerentes façam rodízio em diferentes setores e se coloquem no lugar de seus colaboradores durante determinado período; assim, eles podem ter uma perspectiva real dos desafios que a equipe enfrenta no dia a dia e podem praticar a habilidade do trabalho em equipe. Isso ocorre, por exemplo, com a Southern Airlines,[12] cujo presidente Herb Kelleher exige que seus gerentes trabalhem, uma vez por mês, no setor de manipulação de bagagens, no balcão de reservas ou no setor de vendas de passagens aéreas.

A empatia é uma habilidade muito importante para o sucesso dos relacionamentos, pois, como as pessoas reagem de maneiras diferentes diante de diferentes estímulos, não é adequado nem eficiente comunicar-se com todas elas da mesma maneira.

Pense em termos de negócios: nas apresentações de vendas, por exemplo, alguns clientes não gostam de ouvir muitos detalhes sobre o produto ou serviço que você oferece, eles querem saber apenas dos fatos-chave. Outros, por sua vez, desejam analisar todos os detalhes antes de tomar uma decisão. Nesse sentido, para se relacionar de forma eficiente com diferentes tipos de pessoas é preciso ter flexibilidade para adequar seu estilo de comunicação em função das necessidades da outra pessoa.

Ser empático permite compreender o ponto de vista da outra pessoa para oferecer a ela um tratamento individualizado. Ninguém gosta de sentir-se ignorado, e um dos fatores que fortalecem os relacionamentos é o fato de as pessoas perceberem que você se importa sinceramente com elas.

---

[12] Carolyn A. Martin & Bruce Tulgan, *Managing Generation Y: Global Citizens Born in the Late Seventies and Early Eighties* (Massachusetts: HRD, 2001), p. 89.

Resolução de conflitos

Não basta dizer uma coisa certa no lugar certo, é melhor ainda não dizer algo incorreto em um momento tentador.

Benjamin Franklin[1]

Uma atitude essencial para exercer influência positiva sobre a sua própria vida ou sobre a vida de outras pessoas é a habilidade de resolver conflitos. Sempre temos opção de escolha diante de uma situação problemática: podemos simplesmente ignorá-la ou fazer algo a respeito.

Ser capaz de conduzir conversas difíceis e fazer críticas construtivas, de maneira que a outra pessoa não se sinta desrespeitada, é uma das características de quem tem liderança. Esse é um grande desafio porque, se a conversa for malconduzida, a tendência é que se gere agressividade e ressentimento.

O que fazer, então, diante de uma situação de conflito? Em primeiro lugar, certifique-se de que a sua segurança física não esteja ameaçada. Embora não exista uma fórmula mágica para saber

---

[1] Benjamin Franklin, *apud* Alan Rey, *Comunicar* (São Paulo: Vergara & Riba, 2007), p. 15.

quando é adequado expressar o seu ponto de vista, responder a estas perguntas poderá ajudá-lo a decidir:

COMO VOCÊ VAI SE SENTIR SE NÃO FIZER NADA A RESPEITO? | A SITUAÇÃO É IMPORTANTE PARA VOCÊ? | REALMENTE VALE A PENA FALAR ALGUMA COISA?

Certas pessoas têm dificuldade para resolver conflitos porque não sabem como abordá-los de forma eficiente. Apresentarei, a seguir, algumas estratégias para resolver conflitos de maneira construtiva.

> Sinto a fúria nas suas palavras, mas não entendo nada do que você diz.
>
> *William Shakespeare*[2]

- Acalme-se antes de falar e seja assertivo. Agressividade gera agressividade. Falar de forma assertiva, transmitindo firmeza e respeito por meio das palavras, dos gestos e do tom de voz, aumenta as chances de a pessoa reagir bem ao que você disser.

- Escolha o momento e local adequados para falar. Lembre-se de que o momento adequado para você falar pode não ser o momento adequado para o outro ouvir. Escolha um momento em que a pessoa não esteja sob pressão, com pressa ou com algum tipo de desconforto como fome ou dor. Esses fatores diminuem as chances de a pessoa prestar atenção ao que você tem a dizer.

- Tenha uma conversa em particular com a pessoa para evitar constrangimentos.

---

[2] William Shakespeare, *apud* Stephen R. Covey, *Princípios essenciais das pessoas altamente eficazes*, cit., p. 92.

&❧ Fale pessoalmente sempre que possível. Lembre-se de que um texto não expressa nem seus gestos nem seu tom de voz – elementos muito importantes na comunicação. Além disso, a pessoa poderá se sentir desconfortável por você ter evitado uma conversa cara a cara.

&❧ Escreva o que vai dizer antes de falar. Isso ajuda a organizar suas ideias e a refletir com mais calma.

&❧ Pratique em voz alta o que você irá falar. Isso permite que você sinta como vai soar o seu tom de voz. Se você sentir que o seu tom está agressivo, mude-o.

Apresentei no livro *Vire a página: estratégias para resolver conflitos*[3] o acróstico DEAR, que é uma alternativa para resolver conflitos e expressar o ponto de vista com respeito.

D de descreva

Refira-se ao problema que o incomoda sem atacar a pessoa. Talvez ela não saiba que a atitude dela está gerando conflito.

&❧ Descreva o comportamento da pessoa de forma simples, curta e objetiva. Em situação de conflito, a habilidade de escutar o que o outro diz diminui muito. Limite-se a falar o necessário.

&❧ Escolha um vocabulário que a outra pessoa entenda e elimine palavras de baixo calão ou que possam ser ofensivas.

&❧ Seja específico (se necessário, cite data, local e frequência da ação).

&❧ Ataque o problema e não a pessoa. Descreva o comportamento dela (o que ela fez) e não a própria pessoa.

---

[3]   Karim Khoury, *Vire a página: estratégias para resolver conflitos*, cit., pp. 164-165.

E de expresse

Você pode falar sobre as consequências do conflito ou como você se sente a respeito. Algumas pessoas resistem em mudar de comportamento porque não têm consciência das consequências dos seus atos. Entender o impacto causado por determinados comportamentos pode ser um estímulo para se efetivar uma mudança.

- Fale sobre as consequências do conflito.
- Expresse como você se sente a respeito, sem interpretar o que o outro diz.
- Dê informações e não, conselhos.

A de acordo

É o momento de propor uma mudança específica e fechar um acordo com a pessoa. De nada adianta estabelecer um acordo sem verificar se ele é possível ou se algo impede sua prática. Dialogue, pois o outro também pode ter boas ideias. Estabeleça um compromisso com a pessoa. Para verificar se o acordo foi estabelecido, formule o pedido e, depois, faça perguntas como: "É possível?", "Posso contar com você?", "Tudo bem?", "Você pode fazer isso?", "Você tem condições de realizar o que foi combinado?".

Isso permitirá à pessoa dizer se há algum impedimento para a realização da ação. Obter respostas aumenta as chances do que foi combinado se cumprir. Por esse motivo, evite perguntas que não gerem compromisso com o outro, como "Alguma dúvida?", "Você entendeu?".

Se desejar, você pode "combinar" essas perguntas com outras, como, por exemplo: "Você entendeu as instruções para completar o relatório? Você pode entregá-lo até amanhã às 14 horas?".

R de resultados

Fale sobre os resultados que serão obtidos com a resolução do conflito. Prefira falar sobre resultados que serão benéficos tanto para você quanto para a pessoa. Algumas vezes, um simples "obrigado" será suficiente ou você pode dizer algo mais concreto como "vamos economizar tempo".

> Quando o terreno está minado, qualquer passo em falso pode detonar uma explosão.
>
> *Karim Khoury*

Vamos ver agora alguns exemplos da aplicação da técnica de resolução de conflitos.

A CHEFE DE DEPARTAMENTO TEVE DE SE AUSENTAR DO ESCRITÓRIO POR DOIS DIAS PARA FAZER UM TREINAMENTO DE LIDERANÇA. COMO O CURSO FICAVA NUM HOTEL BEM PRÓXIMO À EMPRESA, DECIDIU PASSAR NO ESCRITÓRIO NO HORÁRIO DO ALMOÇO PARA VERIFICAR SE ESTAVA TUDO EM ORDEM. PARA SUA SURPRESA, ENCONTROU UMA COLEGA DO DEPARTAMENTO USANDO SUA SALA SEM AUTORIZAÇÃO E PERCEBEU, AINDA, QUE A FUNCIONÁRIA TINHA LEVADO O CACHORRO PARA O ESCRITÓRIO. AO CONSTATAR A SITUAÇÃO, PERDEU A CABEÇA E INCORREU EM VÁRIOS ERROS.

ɛ» Ataque à pessoa.

– Você é muito atrevida!

ɛ» Interpretação pessoal da atitude da colega.

– Você está querendo me provocar e medir forças comigo!

≈ Referência a diversos problemas anteriores.

– Agora você passou todos os limites! Na semana passada, você se atrasou e não trouxe justificativa, você não tem me passado os recados e você é uma folgada!

≈ Ameaças.

– Quem autorizou você a usar a minha sala quando eu não estou e ainda por cima trazer o seu cachorro fedido? Isso é nojento! Quem você pensa que é? Você não sabe com quem você está lidando! Se eu fosse você eu nunca mais faria isso.

≈ Agressividade.

– Ponha-se daqui para fora! Imediatamente!

Esse tipo de atitude gera mais agressividade. Embora a funcionária tenha se retirado da sala com o cachorro, seria possível alcançar o mesmo resultado sem desgaste e com menos perda de energia. A gerente atacou diversas vezes a colega, interpretou sua atitude, não se limitou a falar o necessário, referiu-se a conflitos passados, não manteve o foco no problema e, por fim, fez ameaças.

Como a conversa poderia ter sido conduzida com a técnica do DEAR?

≈ Descreva e expresse.

– Sinto-me desrespeitada quando você usa a minha sala sem me avisar e ainda traz seu cachorro.

≈ Faça o acordo.

– Animais não são permitidos aqui. Vou retornar ao treinamento; deixe minha sala desocupada. Não quero que ela seja usada sem que antes eu seja consultada. Da próxima vez avise-me com pelo menos um dia de antecedência quando precisar usar a sala, tudo bem?

≥❧ Estabeleça o resultado.

– Obrigada. Conto com a sua colaboração.

Falar sem pensar em situação de conflito, em geral, resulta em agressividade gratuita. É perfeitamente possível resolver conflitos com respeito, sem ataques pessoais. Trata-se de uma questão de treino. Outra forma de prevenir e resolver conflitos é dar *feedback* – quando usado de maneira eficiente, ele gera crescimento e evolução.

Feedback

> Dar *feedback* é ter a capacidade de informar algo que ajude o outro a perceber o que funciona e o que não funciona nas suas ações.
>
> *Rhandy Di Stéfano*[4]

O objetivo de dar *feedback* é gerar aprendizado. Não parta do princípio de que *todos* aceitarão ouvir com tranquilidade que o que foi feito não funcionou de acordo com o determinado objetivo. É preciso ter sensibilidade e técnica para dar *feedback*. Se esse procedimento for conduzido de forma inadequada, ele poderá desencadear ainda mais conflitos, pois as pessoas tendem a se ressentir e assumir uma postura defensiva. Preste atenção às dicas para dar um *feedback* de forma eficiente.

≥❧ Seja discreto. Procure conversar com a pessoa em particular.

≥❧ Seja específico. Refira-se ao comportamento da pessoa (o que ela fez) e não à pessoa em si. Quando você faz observações

---

[4] Rhandy Di Stéfano, *O líder-coach: líderes criando líderes* (São Paulo: Qualitymark, 2005), p. 126.

referentes à personalidade da pessoa, essas críticas tendem a ser vagas e imprecisas, e isso aumenta as chances de a pessoa sentir-se humilhada. Evite dizer "Você é um incompetente!". Prefira: "O fato de você não ter retornado os telefonemas para dois clientes gerou reclamações". Não faça declarações vagas do tipo: "Você não tem compromisso", "Você não tem respeito pelos outros", "Você não agiu com profissionalismo", "Você pode fazer melhor". Lembre-se de que o conceito do óbvio não existe na comunicação. O que pode ser óbvio para você pode não ser para quem o escuta, e vocês podem atribuir significados completamente diferentes para a mesma palavra.

❧ Procure dar o *feedback* o mais rapidamente possível; de preferência assim que o comportamento impróprio for detectado. Mas lembre-se de que falar durante a execução do trabalho pode não ser eficiente se a pessoa estiver num momento de intenso estresse. O seu momento adequado (quando você estiver calmo) pode não ser o momento adequado para a outra pessoa. Escolha a hora em que a pessoa estiver mais apta a absorver o que você vai dizer.

❧ Dê informações, e não conselhos. As pessoas têm o direito de agir como desejarem. Quando você der um *feedback*, limite-se a fornecer informações a respeito do assunto em questão. Cabe a outra pessoa decidir como agir dali por diante e assumir as consequências de seus comportamentos.

❧ Dialogue. Fale sobre o que não funcionou e se possível peça que a pessoa crie um plano de ação para mudar de comportamento. Se necessário, ofereça treinamento ou demonstre o que você quer.

❧ Use sua sensibilidade. Diferentes pessoas reagem de formas diferentes ao *feedback*. Conhecer a pessoa para quem você dará o *feedback* aumenta as chances de você se comunicar de forma pertinente e adequada. É muito importante recorrer à sensibilidade, porque algumas pessoas, principalmente as perfeccionistas, aceitam muito mal o fato de ouvir que o que fizeram não funcionou de acordo com um objetivo. Nesse caso, pode ser adequado não apontar o que não funcionou, dependendo do tipo de relacionamento estabelecido com a pessoa. Combine com ela o que precisa ser feito para se alcançar o objetivo. Agindo assim, você economizará tempo e energia.

❧ Acompanhe o progresso dessa pessoa e, ao elogiá-la, seja específico. Se a pessoa mudar de comportamento, mesmo que ainda não apresente o resultado desejado, reconheça o progresso e a elogie. Isso contribui para que a pessoa repita a mesma ação. Evite fazer elogios vagos do tipo: "De maneira geral, o resultado foi bom". Prefira falar algo como: "Gostei particularmente do fato de você ter feito uma apresentação de quinze minutos simples e concisa. Poucas pessoas respeitam o tempo estipulado". Fazer um elogio específico demonstra que você prestou atenção na pessoa e reconhece os seus esforços.

Como lidar com "pessoas difíceis"

> Nada é tão difícil que, à força de tentativas, não tenha resolução.
>
> *Terêncio*[5]

"Não parta do princípio de que reunir profissionais talentosos formará uma equipe sensacional. Nem sempre isso acontecerá, porque os integrantes dessa equipe podem ter personalidades incompatíveis."[6] Isso significa que o resultado obtido por um gru-

---

[5] Terêncio, *apud* Ettore Barelli & Sergio Pennacchietti, *Dicionário das citações* (São Paulo: Martins Fontes, 2001), p. 149.

[6] Karim Khoury, *Vire a página: estratégias para resolver conflitos,* cit., p. 222.

po depende da forma como ele se relaciona e se comunica. O conceito de que "a soma das partes é maior que o todo" nem sempre é verdadeiro. Às vezes, os conflitos podem gerar "sinergia negativa", ou seja, as pessoas fazem menos esforço ao trabalhar em equipe do que fariam se estivessem trabalhando sozinhas. Vários fatores influenciam o resultado final, e um deles é a falta de habilidade para resolver conflitos. Um problema mal resolvido pode gerar impacto negativo no grupo. É como se uma laranja estragada pudesse afetar as outras laranjas saudáveis. Alguns comportamentos podem de fato drenar a energia do grupo.

Conheça alguns desses comportamentos e veja que estratégias podem ser utilizadas para lidar com eles.

Objeções compulsivas

Você já teve contato com uma pessoa que parece ter objeção para tudo? Ela sempre tem uma alternativa melhor, ou mais barata ou mais eficiente do que a sua. Em geral, essas pessoas não são suficientemente comprometidas para escrever essas "ideias brilhantes" ou criar um plano de ação.

Estratégia: em vez de pedir que ela pare de fazer objeções, estimule-a a escrever as ideias. Você poderia falar algo como: "Suas opiniões são bem-vindas. Escreva suas ideias de forma específica para avaliarmos suas sugestões".

Reclamações compulsivas

Há pessoas que reclamam de tudo o tempo todo. Reclamam da vida, do tempo, do trabalho, dos colaboradores, do emprego, etc. Essas pessoas transmitem a impressão de que estão de mal com o mundo. O desafio é transformar esse poço de problemas em uma fonte de soluções.

Estratégia: em vez de se deixar contagiar pelo mau humor, experimente pedir a pessoa que o ajude a encontrar solução para um determinado problema. Talvez ela não esteja se sentindo útil e ocupar-se com algo importante pode estimulá-la a mudar de comportamento.

Mentiras

Pense naquela pessoa que usa com frequência as frases "Não é minha culpa" ou "Não fui eu". Sei que é tentador mostrar as evidências e os fatos para uma pessoa que insiste em não assumir a responsabilidade por suas ações. Resista, você consegue evitar a declaração "Foi você, sim. Eu vi". Lembre-se de que algumas pessoas não têm o hábito de assumir a responsabilidade pelo que fazem. Não insista em tentar que ela assuma o que fez ou deixou de fazer. Essa atitude só vai gerar perda de energia.

Estratégia: pergunte algo como: "O que você pode fazer agora para ajudar a resolver o problema?" ou "Como você pode contribuir para que isso não volte a acontecer?".

Fofocas

Você já deve ter ouvido as seguintes declarações baseadas em mentiras: "Ouvi dizer que...", "Você não tem ideia do que eu fiquei sabendo...", "Dizem que...". Normalmente, as pessoas envolvidas em fofocas são as mesmas. Talvez esses intrometidos usem o fuxico para participar de conversas e ampliar as relações sociais.

Estratégia: demonstre como esse tipo de conversa destrói os vínculos de confiança entre as pessoas e mostre os estragos que ela pode causar. Lembre-se de que não existe carrasco sem vítima, a pessoa só irá contar as fofocas se alguém as escutar. Se essa estratégia não funcionar, mude de assunto; o importante é não aceitar qualquer tipo de informação baseada em boatos.

Silêncio

Algumas pessoas se recusam a assumir qualquer tipo de responsabilidade e parecem estar sempre em cima do muro. Surpreendentemente, elas costumam acreditar que quanto menos falarem menos conflitos terão. Isso é uma grande ilusão porque ficar em silêncio e não agir diante de um problema não fará com que ele desapareça. O silêncio pode ser um modo de demonstrar insatisfação e ressentimento. Nesse caso, estimule o outro a assumir um compromisso. Para isso, você pode dizer: "Seu silêncio aumenta a tensão entre nós. Quero que diga o que o incomoda para nos entendermos", "Suponho que seu silêncio signifique que você está de acordo com o combinado. É isso?",[7] "Você está em silêncio; isso significa que você está de acordo com o combinado?", "Não sei o que o seu silêncio significa. Você pode traduzi-lo em palavras para nos entendermos?".

> Ninguém tem um bom desempenho se estiver tenso, estressado ou cansado. Nenhum líder consegue isso. Nenhum vendedor. Nenhum atleta. Nenhum angariador de fundos. Nenhum jogador de futebol. Nenhum pai ou nenhuma mãe.
>
> *Steve Chandler & Scott Richardson*[8]

---

[7] *Ibid.*, p. 55.
[8] Steve Chandler & Scott Richardson, *Motivando para o sucesso: conquiste resultados incríveis sem levar sua equipe à loucura* (São Paulo: Vesus, 2008), p. 39.

Como a habilidade de resolver conflitos reduz o estresse, ela é uma ferramenta essencial se você deseja melhorar sua qualidade de vida. Diversos autores, como Khalsa e Stauth, reconhecem que "uma pequena quantidade de estresse, durante pouco tempo, é saudável. O estresse, num grau razoável de excitação, favorece as pessoas a ficarem mais envolvidas em atividades produtivas".[9] Segundo esses autores, o estresse é um instrumento maravilhoso para problemas superáveis a curto prazo, mas passa a ser nocivo quando os seus níveis são diariamente altos e prolongados; a longo prazo, pode prejudicar a saúde física, emocional e intelectual.[10]

É necessário ficarmos atentos ao nosso nível de estresse, porque é muito tênue o limite que separa o estresse que é considerado saudável e contribui para o nosso desempenho daquele que é prejudicial ao nosso organismo e esgota as nossas energias físicas e psicológicas. Além disso, as pessoas reagem de formas diferentes diante das pressões. Um fator pode ser extremamente estressante para algumas pessoas e muito pouco para outras.

Pequenos conflitos não resolvidos podem desencadear uma sequência de agressões violentas desnecessárias e causar muito estresse. Pense, por exemplo, numa fofoca, o que começa em geral como um simples comentário inadequado pode causar humilhações e prejudicar a vida e a carreira de muitas pessoas. O que pode ajudar você a dar o primeiro passo para resolver um conflito é perguntar-se: "Quanto vai me custar em termos emocionais, de relacionamento, financeiros, físicos, pessoais e profissionais se eu não resolver este conflito?".

---

[9] Dharma Singh Khalsa & Cameron Stauth, *Longevidade do cérebro* (Rio de Janeiro: Objetiva, 1997), p. 284.

[10] Karim Khoury, *Soltando as amarras: emagrecimento e mudança comportamental* (São Paulo: Editora Senac São Paulo, 1999), p. 32.

Se você avaliar que vale a pena resolver um conflito, mãos à obra, invista energia para solucioná-lo. Sobretudo não deixe para amanhã o que você pode fazer hoje. Por esse motivo, não espere a gota d'água para resolver conflitos. Resolva-os à medida que vão surgindo e faça disso um hábito nas situações que são relevantes para você. A sua saúde física e psicológica agradece. E muito.

Execução

Pare de falar.
Comece a fazer.
Slogan publicitário da IBM[1]

Uma das características dos líderes são os resultados que eles obtêm. Isso não significa que eles acertaram logo na primeira vez. Na prática, eles geralmente erram mais do que os outros porque tendem a executar mais e a assumir mais riscos que os demais.

O que contribui para se obter resultados bem-sucedidos é o poder de ação. Isso não significa que as pessoas que exercem influência sobre si mesmas e sobre o que se passa ao seu redor não enfrentem dificuldades ou obstáculos. Em vez de negar a existência de um problema, essas pessoas aceitam a situação como ela é e fazem algo para solucioná-la. "Significa apenas que são realistas, sabem reconhecer seus limites, são capazes de avaliar sua vida e conseguem adequar seu comportamento de modo a alcançar os resultados desejados."[2]

---

[1] *Slogan* publicitário da IBM. Disponível em http://www.ibm.com/doing/br.
[2] Karim Khoury, *Com a corda toda: autoestima e qualidade de vida* (São Paulo: Editora Senac São Paulo, 2003), p. 17.

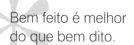
Bem feito é melhor
do que bem dito.
Benjamin Franklin[3]

Se desejamos agir ou colocar em prática uma ideia, é preciso gerenciar a forma como direcionamos nossa energia, que também pode ser definida como *a capacidade de produzir trabalho*. Se não fizermos as escolhas certas a respeito da forma como usamos nossa energia, corremos o risco de ficar paralisados. Às vezes, despender energia demais para analisar um problema nem sempre é eficiente. Como observa Mark Sanborn,

> [...] ocasionalmente, nós analisamos um problema exaustivamente em vez de exercer influência sobre ele. De fato, agir sem fazer as considerações adequadas pode ser arriscado e até perigoso. Entretanto riscos semelhantes surgirão se você se limitar a estudar exaustivamente uma situação em vez de fazer algo a respeito.[4]

E também Ram Charam:

> Sem prioridades, as pessoas tendem a fazer tudo, desperdiçando tempo e energia preciosos em coisas que não são importantes. Ter muitas prioridades é o mesmo do que não ter nenhuma.[5]

Para aumentar as chances de alcançar um objetivo:

☙ estabeleça uma escala de prioridades;

---

[3] Benjamin Franklin, *apud* Paulo Eduardo Laurenz Buchsbaum (pesquisa e seleção), *Frases geniais*, cit., p. 146.
[4] Mark Sanborn, *You Don't Need a Title to Be a Leader*, cit., p. 73.
[5] Ram Charam, *apud* Stephen R. Covey, *Princípios essenciais das pessoas altamente eficazes*, cit., p. 120.

- defina o que você quer e certifique-se de que o objetivo é controlado por você;

- especifique *onde, quando* e *com quem* você deseja obter esse resultado;

- faça um levantamento dos recursos para alcançar e manter seu objetivo. Os recursos podem ser informações, objetos, equipamentos, pessoas, qualidades pessoais, dinheiro, etc;

- crie um plano de ação;

- se o seu objetivo for muito grande, divida-o em partes menores.

Se você depender de outras pessoas para alcançar um objetivo, feche acordos com elas e defina quem vai fazer o que e quando. Verifique se todos assumiram a responsabilidade por sua parte no trabalho e estabeleça um prazo para avaliar os resultados. As suas ideias tenderão a cair no esquecimento se você só discuti-las e não criar um plano de ação para colocá-las em prática. Discutir não significa realizar.

A Roda da Vida: balanço pessoal

> Um homem que não tem tempo para cuidar da saúde é como um mecânico que não tem tempo para cuidar das suas ferramentas.
>
> *Provérbio espanhol*[6]

Talvez, neste momento, você tenha diversos objetivos para serem alcançados, mas não sabe por onde começar. Uma forma de visualizar o quanto você está satisfeito com diferentes aspectos da

---

[6] Provérbio espanhol, *apud* Stephen R. Covey, *Princípios essenciais das pessoas altamente eficazes*, cit., p. 120.

sua vida para poder decidir onde você quer investir mais energia para melhorá-la é fazer o exercício da *Roda da Vida*.[7] Trata-se de uma ferramenta que ajuda a avaliar como você se sente a respeito de determinados aspectos da sua vida no momento presente. Ela permite refletir em que ponto, especificamente, você deseja criar um plano de ação para aumentar seu nível de satisfação.

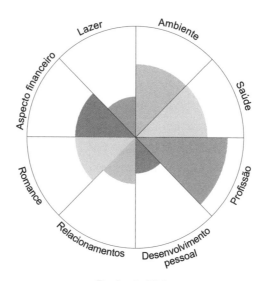

Roda da Vida

Observe o exemplo a seguir:

A representação gráfica acima demonstra que neste momento a pessoa está:

- 50% satisfeita com seu ambiente;
- 70% satisfeita com a profissão;
- 50% satisfeita com a saúde;

---

[7] Adaptado de Andréa Lages & Joseph O'Connor, *Coaching com PNL. O guia prático para alcançar o melhor em você e em outros: como ser um coach master* (Rio de Janeiro: Qualitymark, 2004), pp. 70-71.

- 20% satisfeita com o desenvolvimento pessoal;
- 30% satisfeita com seus relacionamentos;
- 40% satisfeita com seu romance;
- 40% satisfeita com o aspecto financeiro;
- 20% satisfeita com o lazer.

Ao analisar as porcentagens, a pessoa identificou que os aspectos de sua vida pessoal (desenvolvimento pessoal, relacionamentos e lazer) apresentavam níveis de satisfação baixos. Segundo ela, esses aspectos tinham sido colocados em segundo plano em determinada fase de sua vida. Ao se dedicar mais ao desenvolvimento pessoal, ao lazer e aos relacionamentos, adquiriu mais energia rapidamente.

Agora, use o gráfico abaixo como modelo e preencha numa folha à parte o seu nível de satisfação em cada item da Roda da Vida com uma porcentagem que represente o que você está vivendo no momento presente.

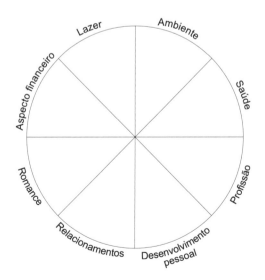

Roda da Vida

Observe a imagem que você construiu e pense na seguinte metáfora:[8] se essa "roda" estivesse acoplada a um carro e o conduzisse pela jornada da sua vida, você teria muitos solavancos? Ou a sua viagem seria equilibrada e tranquila? Qual área pode ser trabalhada para que você tenha uma jornada mais tranquila e equilibrada?

Em seguida, leia o roteiro a seguir que poderá dar algumas ideias para tornar a sua vida mais equilibrada e satisfatória.

AMBIENTE

Sinto-me bem no meu ambiente? (Seja no meu quarto, na minha casa, no trabalho, seja nos locais que frequento?)

O que eu posso fazer para tornar o meu ambiente mais agradável e energizante?

Existem objetos que eu posso descartar e que ocupam espaço desnecessariamente?

SAÚDE

Sinto-me saudável e com energia para acompanhar o meu estilo de vida?

Quais são os hábitos que posso mudar para aumentar a minha energia física e melhorar minha qualidade de vida?

PROFISSÃO

Onde e como posso expressar meus talentos?

---

[8] Adaptada de Andréa Lages & Joseph O´Connor, *Coaching com PNL. O guia prático para alcançar o melhor em você e em outros: como ser um* coach *master* (Rio de Janeiro: Qualitymark, 2004), p. 71.

Tenho algum talento não aproveitado com o qual eu possa ajudar os outros?

Desenvolvimento pessoal

Que direção eu quero dar para o meu crescimento pessoal? O que eu tenho feito para isso?

Qual foi o último livro que li? O último filme a que assisti? O último curso que fiz? O último treinamento que fiz? O último *insight* que tive?

Relacionamentos

Existe confiança mútua nos meus relacionamentos?

Estou investindo tempo e energia suficientes para melhorar meus relacionamentos? Esses relacionamentos me energizam ou drenam a minha energia?

Amigos e família

Disponho de tempo suficiente para meus amigos e familiares? O que eu tenho feito para cultivar esses relacionamentos?

Romance/relacionamento íntimo

Estou satisfeito com o meu relacionamento íntimo?

Estou investindo energia suficiente nesse relacionamento?

O que eu posso fazer para melhorá-lo?

Aspecto financeiro

Posso adotar alguma estratégia para equilibrar e otimizar minha vida financeira?

O que eu posso fazer para aumentar a minha renda? E para evitar os "ralos de dinheiro"?

LAZER

Tenho lazer suficiente? Estou me divertindo o suficiente?

Como posso aumentar o lazer na minha vida?

Ao analisar as suas respostas, pergunte-se:[9]

O QUE EU QUERO? | SERÁ QUE É ISSO O QUE REALMENTE QUERO AGORA? | EM QUE ASPECTO DA MINHA VIDA NÃO ESTOU PRESTANDO ATENÇÃO NESTE MOMENTO? | QUAL É A ATITUDE MAIS SIMPLES QUE EU POSSO TOMAR AGORA, HOJE OU ESTA SEMANA PARA FICAR MAIS PRÓXIMO DO QUE QUERO?

Monitore seu nível de energia e cuide de si mesmo

Para manter uma lamparina acesa, temos de ficar colocando óleo dentro dela.

Madre Teresa de Calcutá[10]

Imagine que seu corpo é como um carro, que precisa de combustível para funcionar. Se você ficar sem combustível, não chegará a lugar nenhum e, provavelmente, não terá energia nem para "dar a partida". Uma das maneiras de manter um nível de energia adequado para o seu estilo de vida é cuidar de si mesmo física, espiritual, mental e emocionalmente.

---

[9] Adaptado de Ian McDermott & Wendy Jago, *The NLP Coach: a Comprehensive Guide to Personal Well Being & Professional Sucssess* (Londres: Piatkus Books, 2002), pp. 133-134.

[10] Madre Teresa de Calcutá, *apud* Sephen R. Covey, *Princípios essenciais das pessoas altamente eficazes*, cit., p. 115.

EXECUÇÃO

Além disso, é essencial que você monitore seu nível de energia identificando o que aumenta e o que drena energia. O objetivo é criar ações para diminuir os efeitos dos itens que drenam sua energia e intensificar as ações que melhoram sua qualidade de vida e seu bem-estar.

Cuidar de si recarrega sua energia e previne o esgotamento físico e mental. Como observam Ian McDermott e Wendy Jago[10], "se isto não acontecer, exercer atividades que envolvem o cuidado com outras pessoas pode se tornar ocupação de alto risco".[11] Esses autores exemplificam descrevendo o caso de enfermeiras e outros profissionais de saúde que adquirem excesso de peso porque têm dificuldade de se exercitar por falta de planejamento ou por se sentirem muito cansados. Além disso, citam o exemplo de médicos que bebem demais ou de mães de crianças pequenas que estão esgotadas. O conceito é simples: você não pode dar aos outros algo que não tem. Se você não tem energia como irá influenciar outra pessoa a agir?

A solução para essa situação também é simples e exige planejamento e disciplina. Basta você considerar que cuidar de si mesmo também é uma prioridade e colocar em prática ações específicas para melhorar sua qualidade de vida. Isso não significa, necessariamente, "eliminar" algumas pessoas ou situações da sua vida, pois nem sempre isso é possível. Entretanto, você pode aprender a lidar com os momentos estressantes sem se desgastar ou gastando menos energia. Para isso, é preciso impor limites e exercer determinado controle sobre a situação. Por exemplo, você tem um casal de amigos que você gosta muito e se sente muito bem quando fica com eles por algumas horas, numa festa ou num jantar. Mas você opta por não viajar com eles porque o convívio contínuo gera muitas discussões.

---

[11] Ian McDermott & Wendy Jago, *The NLP Coach: a Comprehensive Guide to Personnal Well Being & Professional Sucsses*, cit., p. 278.

No próximo capítulo, veremos com mais detalhes algumas estratégias para aumentar seu nível de energia, por enquanto, veja algumas sugestões para melhorar sua qualidade de vida

USO DO ESPAÇO

Existe alguma maneira de criar mais espaço físico? Se você descartar os objetos (incluindo papéis) que não têm mais utilidade ganhará mais espaço.

USO DO DINHEIRO

Existe algum custo que pode ser reduzido? Você pode mudar algo no seu estilo de vida para equilibrar suas finanças?

USO DO TEMPO

Quais são os desperdiçadores de tempo e que estratégias podem ser adotadas para eliminá-los?

SUA SAÚDE

Existe algum hábito ou vício que está consumindo aos poucos sua saúde? O que você pode fazer a respeito? Você tem se alimentado, se exercitado e descansado o suficiente?

SEU ESTILO DE VIDA

O que você pode simplificar?

SEUS RELACIONAMENTOS

A companhia das pessoas é suficiente na sua vida? Existe algum conflito não resolvido que drena sua energia? Existe alguém a quem você gostaria de perdoar ou agradecer?

EXECUÇÃO

O exercício da Roda da Vida é um gráfico que nos permite visualizar como está o nosso nível de satisfação sobre determinados aspectos da nossa vida no momento presente. Ao analisar esse gráfico podemos identificar o que podemos fazer para tornar a nossa vida mais satisfatória e equilibrada. Lembre-se de que o objetivo não é estar 100% satisfeito com todos os aspectos da sua vida, pois o seu nível de satisfação pode mudar em função de uma série de fatores, até mesmo em função das suas prioridades. A meta, nesse caso, é que você possa identificar que aspecto da sua vida pode ser trabalhado de maneira a trazer mais equilíbrio e satisfação.

Normalmente, quando aumentamos o nosso nível de satisfação em um determinado aspecto, isso exerce influência positiva sobre outras áreas. No exemplo anterior, o fato de a pessoa ter criado mais situações de lazer na vida dela, reduziu muito o seu estresse, contribuindo para a melhoria de sua condição física e psicológica.

O que você pode fazer agora para ter uma vida mais satisfatória e equilibrada?

Liderança quântica

> Se há algo que constitui em última análise o universo, esse algo é a energia pura. O mundo é, fundamentalmente, energia dançante; energia que está por toda a parte e, de maneira incessante, assume primeiro esta forma e em seguida aquela.
>
> *Gary Zukav*[1]

A física quântica estuda o comportamento dos átomos, elétrons, prótons, nêutrons e de partículas ainda menores chamadas *quarks*. As leis que regem esse universo subatômico se refletem no nosso cotidiano. O objetivo deste capítulo é mostrar como alguns conceitos da física quântica podem ser aplicados no nosso dia a dia. Eu considero isso particularmente importante porque determinados conceitos da física quântica mudaram a percepção a respeito do potencial humano, indicando os caminhos para ampliá-lo. Vejamos alguns conceitos aplicados a partir dessa perspectiva.

---

[1] Gary Zukav, *apud* Charlotte Shelton, *Gerenciamento quântico: como reestruturar a empresa e a nós mesmos usando sete novas habilidades quânticas* (São Paulo: Cultrix, 1999), p. 76.

Energia

> Nada é tão fatigante quanto a eterna
> pendência de uma tarefa incompleta.
> *William James*[2]

Para a física quântica, "assim como todas as outras coisas do universo, nosso ingrediente básico é a energia, e essa energia está em constante movimento, gerando atividade elétrica".[3] O mundo é pleno de energia e nada existe sem ela. Nós trocamos energia de forma permanente. Enviamos e recebemos energia o tempo todo e podemos exercer influência sobre o tipo de energia que transmitimos. Isso é útil porque, ao escolhermos conscientemente o tipo de energia que estamos projetando, também determinamos o tipo de energia que receberemos em troca. Nós tendemos a atrair, com mais frequência, aquilo que projetamos.

Os nossos pensamentos exercem influência sobre as nossas emoções e sobre a nossa energia. Por incrível que pareça, podemos nos acostumar com alguns padrões de pensamento, que literalmente nos esgotam ou drenam a nossa energia. Suponha que você tenha o seguinte pensamento: "Eu só vou me sentir realizado quando for bem-sucedido". Esse pensamento desencadeia emoções de frustração e ansiedade, consequentemente, que tipo de energia você tende a projetar? No mínimo uma energia "tensa". Você poderia substituir esse pensamento por outro que tivesse um impacto positivo sobre o seu nível de energia, por exemplo: "Eu tenho a habilidade de me sentir bem comigo mesmo agora".

---

[2] William James, *apud* Steve Chandler & Scott Richardson, *Motivando para o sucesso: conquiste resultados incríveis sem levar sua equipe à loucura* (São Paulo: Verus, 2008), p. 109.

[3] Charlotte Shelton, *Gerenciamento quântico: como reestruturar a empresa e a nós mesmos usando sete novas habilidades quânticas*, cit., p. 79.

Você é a melhor pessoa para avaliar o impacto que um pensamento gera sobre suas emoções e sobre sua energia, e pode conscientemente mudá-lo.

Como liderar também significa exercer influência sobre os outros, é essencial cuidar do seu nível de energia. Você não pode exercer influência sobre alguém ou sobre qualquer situação se estiver "esgotado". Muitas coisas podem drenar a nossa energia e nos esgotar sem nos darmos conta. Faça o seguinte exercício: imagine que os dedos das suas mãos são entulhos e tarefas inacabadas. Eleve as suas mãos e coloque-as atrás de sua cabeça, você não pode enxergar os seus dedos, mas pode sentir que eles estão ali. Mesmo que você não se importe com os seus dedos, que representam as tarefas inacabadas e os entulhos, você sabe que eles existem; esse pensamento, mesmo que subconsciente, pode drenar consideravelmente a sua energia.

> Não são as coisas incompletas
> que atrapalham as pessoas, mas
> o pensamento subjacente a elas;
> o conhecimento subconsciente é o
> dreno de energia.
>
> *Steve Chandler & Scott Richardson*[4]

O conceito de "energia bloqueada" já foi abordado por diversas terapias e linhas de pensamento de diferentes culturas e épocas, como, por exemplo, a acupuntura. Para a física quântica, ao eliminar tudo que potencialmente pode drenar energia, você melhora sua qualidade de vida. Buscar uma vida "livre de entulhos", sejam eles físicos, emocionais, sejam mentais, permite que a energia circule e, ao mesmo tempo, que você crie mais espaço para que coisas novas aconteçam na sua vida. Para aumentar o seu nível de energia,

---

[4] Steve Chandler & Scott Richardson, *Motivando para o sucesso: conquiste resultados incríveis sem levar sua equipe à loucura*, cit., p. 110.

é preciso eliminar os obstáculos que a drenam ou que obstruem o seu movimento e iniciar uma verdadeira "operação limpeza".

Ao começar a limpar o entulho da sua vida, tenha em mente que, do ponto de vista energético, o objetivo é descartar tudo aquilo que *drena energia,* e isso não tem nada a ver com "novo" ou "velho". Suponha que você adora o jogo de louça que pertenceu a sua avó e detesta um jogo de copos que ganhou na semana passada. O seu critério para descartar algo também deve se basear no tipo de sentimento que o objeto desperta em você. Nesse caso, guarde o jogo de louça da sua avó e encontre um destino para o jogo de copos que você detesta. Não vale guardá-lo num lugar que você não irá vê-lo, pois o seu subconsciente vai saber.

A respeito do entulho que deve ser descartado, o objetivo é manter somente os itens que contribuem para a melhoria da nossa qualidade de vida. Jayme Barrett recomenda prestar atenção ao seu primeiro instinto quando for decidir descartar algo – pois ele costuma estar correto – e sugere que as seguintes perguntas sejam feitas no processo de "triagem":

Eu gosto deste item? | Eu uso este item? | Eu preciso deste item? | Este item evoca um sentimento positivo e me faz sorrir?[5]

Dicas para descartar o entulho[6]

Entulho físico

Tudo aquilo que é desnecessário para o seu ambiente. Preste atenção nos papéis: jornais e revistas velhos, cartões de visitas,

---

[5] Jayme Barrett, *Feng Shui Your Life* (Nova York: Sterling, 2003), p. 75.
[6] Adaptado de Jayme Barrett, *Feng Shui Your Life*, cit.

folhetos de propaganda, etc. Jogue fora, organize ou recicle. Dê atenção às coisas que você não usa mais: equipamentos eletrônicos quebrados, móveis, roupas que você não usou no último ano, etc. Jogue fora, conserte ou faça uma doação.

As coisas que drenam a sua energia são todas aquelas que despertam em você lembranças negativas ou aquelas que não têm mais a ver com você nos dias de hoje. Jogue fora, dê de presente ou faça uma doação.

ENTULHO EMOCIONAL

Quando não expressamos as nossas emoções, nossos pensamentos, nossos desejos e, sobretudo, quando não estabelecemos limites saudáveis nos nossos relacionamentos, exercemos um impacto negativo nas nossas emoções, que ficam reprimidas. Não estou sugerindo que você expresse as emoções e os desejos com todo mundo. Em primeiro lugar, antes de expressar qualquer coisa, pergunte-se:

A PESSOA PARA QUEM EU QUERO FALAR ALGO É IMPORTANTE PARA MIM? | VALE A PENA FALAR ALGUMA COISA? | EU VOU ME CULPAR SE NÃO FIZER NADA A RESPEITO? | EU ESTOU EQUILIBRADO EMOCIONALMENTE PARA FALAR? | ME INCOMODA O FATO DE FICAR EM SILÊNCIO?

Se você sente um incômodo pelo fato de ficar em silêncio, vá em frente: expresse as suas opiniões assertivamente, respeitando o ponto de vista do outro. Estabelecer limites saudáveis é uma ótima estratégia para manter-se energizado.

Entulho mental

São aquelas tarefas que ficam "inacabadas" ou "pendentes" e que sobrecarregam os pensamentos, porque, mais cedo ou mais tarde, elas vêm à tona, e toda vez que você pensa nelas, elas drenam sua energia. Podem ser *e-mails* sem resposta, consultas médicas adiadas, telefonemas sem retorno, contas atrasadas, compromissos que precisam ser agendados, louça que se acumula na pia, etc. Faça uma lista de prioridades para eliminar as pendências e mãos à obra!

O exercício proposto de "remoção dos entulhos", sejam eles físicos, emocionais, sejam mentais, é uma das práticas do *Feng Shui*, que significa literalmente "vento" (*feng*) e "água" (*shui*). Pode parecer pouco usual falar sobre uma antiga arte chinesa num capítulo que aborda alguns conceitos de física quântica. Minha intenção é mostrar que muitos conceitos modernos sobre energia são abordados de várias maneiras em diferentes culturas. A energia, na China, é conhecida por *chi*; no Japão, por *ki*; e na Índia, por *prana*. O *Feng Shui* é uma arte criada na China antiga, que está baseada na ideia de que tudo é energia e que interagimos constantemente com a energia do ambiente. Essa é uma das ideias defendidas pela física quântica. Jayme Barrett, uma especialista em *Feng Shui*, escreve:

> Uma vez que você é continuamente afetado pela energia que está ao seu redor, essa energia deve ser saudável e revitalizante. Seja ela física, emocional ou espiritualmente tóxica, você sentirá as consequências negativas. Pense num peixe-dourado. O vendedor de uma loja de animais jura que tem o peixe-dourado mais saudável da cidade. Você compra o peixe e todos os acessórios para ter um aquário formidável. O que aconteceria se você colocasse esse peixe saudável numa

água contaminada? É provável que ele sobreviva? Bem, tudo depende da quantidade de veneno contida na água. Você pode aumentar as chances de sobrevivência do seu peixe se colocá-lo numa água limpa.[7]

Para a física quântica, a realidade que observamos depende da nossa percepção. As nossas escolhas perceptivas podem drenar a nossa energia ou podem nos vitalizar. Diante de uma situação externa estressante, podemos ficar drenados emocionalmente ou optar conscientemente por sentimentos que mantenham a nossa vitalidade ou energia. A ideia não é negar os sentimentos, mas, sim, transformá-los através de uma nova percepção. Os nossos padrões de pensamento podem nos tornar reféns de "sentimentos negativos", que drenam a nossa energia.

Suponha que você esteja mais disposto a enxergar os erros das pessoas (sejam colegas de trabalho, sejam parentes ou amigos) do que elogiá-las. Dependendo da forma como você repete esse padrão, isso pode se tornar um hábito perigoso, porque, a partir de um dado momento, a sua percepção estará treinada para ver, *com mais frequência,* o que não funciona, e isso fortalece os sentimentos negativos desencadeados por essa percepção. Já sabemos intuitivamente que "emoções negativas drenam nossa energia e enfraquecem nosso sistema imunológico, ao passo que atitudes positivas intensificam os níveis de energia e a resposta imunológica".[8]

Como nos lembra Charlotte Sheldon:

> Energeticamente, temos poucas chances de influenciar a nossa realidade externa negativa enquanto não a vemos de uma

---

[7] Jayme Barrett, *Feng Shui Your Life,* cit., pp. 21-22.
[8] Charlotte Shelton, *Gerenciamento quântico: como reestruturar a empresa e a nós mesmos usando sete novas habilidades quânticas,* cit., p. 81.

perspectiva positiva. O paradoxo está no fato de que à medida que nossas percepções mudam nossos sentimentos também mudam. Nossa necessidade de mudar o ambiente exterior com frequência diminui quando deixamos de concentrar tanta energia negativa no problema.[9]

Você pode adotar diversas estratégias para mudar a sua percepção de uma situação.

Encontre algo que você possa apreciar, valorizar ou reconhecer como positivo

Eu sei que pode parecer estranho, mas *você pode* encontrar algo que valorize numa "situação negativa". Em geral, as empresas gastam mais tempo investigando o que está dando errado do que aquilo que está dando certo. E, ironicamente, dependendo da cultura da empresa e da intensidade desse hábito, algumas organizações, *literalmente*, deixam de enxergar o que está dando certo. Do ponto de vista energético, as críticas podem abalar a autoestima. "Porque, basicamente, podem disparar sentimentos de inadequação, inferioridade, incompetência, desvalorização, frustração, etc."[10] Acredito que a crítica construtiva é uma ótima ferramenta de desenvolvimento, mas, quando utilizada de forma inadequada, em vez de gerar crescimento, ocasiona muita frustração.

De preferência, faça observações breves, uma de cada vez, para que seu interlocutor tenha tempo de processá-las e de reagir adequadamente a elas. Se você fizer um inventário de tudo o que te desagrada no outro e comunicar a lista toda de uma só vez, a pessoa criticada ficará tão aturdida que não saberá por onde iniciar o processo de mudança. Além disso,

---

[9] *Ibid.*, p. 99.
[10] Karim Khoury, *Com a corda toda: autoestima e qualidade de vida*, cit., p. 146.

é provável que ela se desvalorize: "Será que tudo o que faço é uma droga?". No momento da crítica, considere os aspectos prioritários e indique somente os que têm maior urgência de mudança.[11]

A palavra *crítica* tem origem no latim e significa apreciação, julgamento,[12] e não tem uma conotação negativa. Da mesma forma que examinamos e avaliamos os aspectos negativos de uma situação, também podemos avaliar os aspectos positivos. Tudo é uma questão de escolha.

Em vez de investigar profundamente o problema, desenvolva a habilidade para lidar eficientemente com a situação

Embora isso pareça óbvio, é tentador "mergulhar na energia da reclamação" e não fazer nada a respeito para influenciar positivamente determinada situação. Suponha que você trabalha diretamente com pessoas. Você se queixa, repetidamente, que tem de lidar com indivíduos "estressados" e que sente a sua energia drenada em função dos conflitos do dia a dia. Você percebe que não lida bem com situações tensas. Além disso, você está tão esgotado que nem consegue se lembrar de situações em que lidou com eficiência com conflitos: você começa a ter "pensamentos ruminantes" que o fazem enxergar somente os aspectos negativos da situação. Em vez de sofrer e reclamar, pense: "Qual é a habilidade que me permite lidar melhor com esta situação?". Suponha também que, depois de um treinamento de resolução de conflitos, por exemplo, você se sinta mais autoconfiante e passe a lidar com os conflitos do dia a dia com mais eficiência. O desenvolvimento dessa habilidade permite que você observe concretamente a sua

---

[11] *Ibid.*, p. 204.

[12] Antônio Houaiss & Mauro de Salles Villar, *Dicionário Houaiss da língua portuguesa*, cit., p. 875.

evolução e mude a percepção que tem do seu trabalho: você passa a enxergá-lo de forma mais positiva.

Registre por escrito os sucessos do seu dia

Escreva todas as coisas que "deram certo", que você percebe como valiosas e pelas quais você sentiu-se grato naquele dia especificamente, incluindo as pequenas coisas. Sandra Taylor recomenda: "Não limite o seu reconhecimento e a sua gratidão somente para o mundo externo. Escreva alguns itens, a cada dia, de reconhecimento sobre aspectos que você valoriza em si mesmo".[13]

Intuição

Você tem sua intuição de volta quando cria condições para isso, quando para de "conversar" com sua razão.

Anne Lamott[14]

Para a física quântica,

> o universo é, basicamente, um conjunto de sinais ou um campo de informações [...]. Um número cada vez maior de físicos e de psicólogos acredita que o cérebro é um dos locais receptores (ou transdutores) que ligam o corpo humano a todo este abrangente campo de informações.[15]

Embora estejamos acostumados com formas muito objetivas de conhecimento, várias pessoas demonstram continuamente o valor da intuição. Charlotte Shelton afirma que diversos cientistas

---

[13] Sandra Anne Taylor, *Quantum Success: the Astounding Science of Wealth and Happiness* (Carlsbad: Hay House, 2006), p. 158.

[14] Anne Lamott, *apud* Roberto Duailibi, *Duailibi das citações*, cit., p. 594.

[15] Charlotte Shelton, *Gerenciamento quântico: como reestruturar a empresa e a nós mesmos usando sete novas habilidades quânticas*, cit., p. 103.

chegaram a respostas para estudos complexos por meio de sonhos, de maneira inesperada, "em geral depois que tinham deixado de trabalhar no problema".[16] Alguns casos famosos descritos pela autora são:

- Os arranjos dos elementos na tabela periódica – Dimitri Mendeleev;

- A posição do buraco na agulha de máquina de costura – Elias Howe;

- A estrutura molecular de compostos químicos – Friedrich August Kekulé.

As informações intuitivas não ocorrem somente por meio de sonhos, quando temos acesso a um nível diferente de percepção.

Outros casos de descobertas intuitivas:

- A câmera Polaroid – Edwin Land;

- O adesivo Post-it da 3M – Spencer Silver.

Podemos ter acesso a este infinito campo de informações se formos capazes de desenvolver a nossa intuição. Entender alguns "mecanismos" da intuição facilita o desenvolvimento dessa habilidade.

> Mantenha os seus pensamentos e sentimentos em harmonia com as suas ações. A maneira mais segura de alcançar os seus objetivos é eliminar qualquer conflito ou dissonância que existe entre o que você está pensando e sentindo e a forma que você está vivendo os seus dias.
>
> *Dr. Waine W. Dyer*[17]

---

[16] *Ibid.*, p. 106.

[17] Dr. Wayne W. Dyer, *apud* Sandra Anne Taylor, *Quantum Success: the Astounding Science of Wealth and* Happiness, cit., p. 37.

É preciso prestar atenção aos sinais do seu corpo, que podem ser sensações, imagens ou sons, para perceber a manifestação da intuição. Normalmente, temos uma sensação "boa" quando estamos "alinhados", "quando fazemos o que falamos" ou quando as nossas palavras, nossos gestos e nossas ações são coerentes. Esse alinhamento é conhecido por congruência.[18] A incongruência ocorre quando sentimos que "não estamos alinhados".

> Ter congruência pessoal é colocar total atenção ao que você está fazendo naquele momento. A incongruência é resultado de um conflito interno expresso no seu comportamento. Em outras palavras, quando você tem um conflito e não está de pleno acordo consigo mesmo, você está incongruente. As pessoas que têm uma intuição desenvolvida, também têm, na prática, uma consciência corporal muito apurada, e reconhecem, mesmo sem saber explicar por quê, quando estão em conflito ou quando têm certeza de algo. É comum ouvirmos: "Não sei descrever os motivos, simplesmente sei que é assim". Quando essa certeza está relacionada com realizações pessoais, em geral ela desencadeia uma energia muito grande descrita por várias pessoas como uma sensação física. Outras dizem ter ouvido uma mensagem cujo conteúdo é algo como: "Siga em frente, este é o caminho". Normalmente, o indício de que algo não vai bem se manifesta por meio de sensações físicas na barriga ou no peito.[19]

Tanto a congruência quanto a incongruência são valiosas, pois nos permitem perceber se algo está indo bem ou não. Suponha

---

[18] Definição da Programação Neurolinguística, ver Joseph O'Connor, *Manual de programação neurolinguística – PNL: um guia prático para alcançar os resultados que você quer* (Rio de Janeiro: Qualitymark, 2003), p. 321.

[19] Karim Khoury, *Com a corda toda: autoestima e qualidade de vida*, cit., p. 186.

que, ao fechar um contrato qualquer, apesar de todas as evidências positivas de que se trata de um bom negócio, você sente um "desconforto", tem a intuição de que "algo não soa bem". Leve em consideração esse desconforto e busque mais evidências (informações) de que está no caminho certo. O objetivo é que você possa associar o conhecimento racional ao intuitivo para a tomada de decisões.

> A sabedoria não grita para você,
> ela sussurra.
>
> *Sandra Anne Taylor & Sharon A. Klinger*[20]

A INTUIÇÃO É UM PROCESSO SUTIL

Como a intuição é um processo sutil e ela se manifesta no seu corpo, é pouco provável que ela funcione adequadamente sob muita pressão ou estresse. Interrompa uma atividade quando estiver esgotado ou frustrado. Não é por coincidência que muitas pessoas relatam ter momentos de intuição quando estão "equilibradas" fisicamente, incluindo no que diz respeito à alimentação, à respiração e ao sono adequados para uma vida saudável. Controle o que você come e bebe e elimine os "excessos", pois isso afeta a sua conexão com outros níveis de percepção.

A INTUIÇÃO É ESPONTÂNEA

Embora a intuição seja um processo espontâneo, o acesso para um nível de percepção sutil pode ser desenvolvido. Tenha sempre à mão um caderno para anotar os seus pensamentos e as suas observações ao longo do dia e fique particularmente atento se al-

---

[20] Sandra Anne Taylor & Sharon A. Klinger, *Secrets of Success: the Science and Spirit of Real Prosperity* (Carlsbad: Hay House, 2008), p. 116.

guma informação chamou a sua atenção nos seus sonhos. Anote e registre as suas percepções rapidamente. É bom deixar um caderno ao lado do seu criado-mudo para registrar as suas ideias ao acordar.

INCORPORE "O SILÊNCIO" E A AUTOPERCEPÇÃO NO SEU DIA A DIA

Qualquer atividade que favoreça o autoconhecimento e a reflexão são benéficos para o desenvolvimento da intuição. Quando falo em "silêncio", estou me referindo ao sentido figurado da palavra. O "silêncio interior" ou a "paz interior" é um terreno fértil para intuição, pois é pouco provável que você esteja conectado com a sua intuição se estiver "agitado". Quanto à autopercepção, se você sentir um "desconforto", seja ele físico ou emocional, esse é o momento adequado de "parar tudo" e obter mais evidências sobre o assunto em questão.

O seu nível de energia e o acesso para o conhecimento intuitivo estão intimamente relacionados, pois, uma vez que você elimina os "excessos tóxicos", sejam eles físicos, sejam emocionais e mentais, da sua vida, você se liberta de uma tensão desnecessária e aumenta a possibilidade de ter acesso ao conhecimento intuitivo. A meu ver, o que torna as coisas preocupantes é que algumas pesquisas demonstram que as pessoas estão se acostumando com os "excessos" e não avaliam o quanto isso pode exercer impacto negativo sobre a qualidade de vida delas. Adotar a postura "eu não estou nem aí" pode mascarar um comodismo nocivo.

Uma pesquisa conduzida em 2007, e apresentada por Mark Penn e E. Zalesne no livro *Microtendências*, classifica como "desleixada" toda pessoa que se identifique como "muito bangunçada" ou que afirme que a bagunça atrapalhe ou reduza sua qualidade de vida. De acordo com os autores, "a pesquisa revelou que a maioria dos desleixados não está adotando a bagunça por opção, mas se deixando levar por ela".[21] Em outras palavras, cada vez mais pessoas estão deixando que a confusão se instale, prejudicando a sua qualidade de vida. "A incidência de desleixados crônicos nos Estados Unidos foi de cerca de um para cada dez. Dos 200 milhões de adultos no país, isso representa 2 milhões."[22]

A pesquisa evidencia uma tendência decorrente da superabundância nos Estados Unidos.

> Há uma obsessão pela posse, assim como uma obsessão pela comida. Isso explica o surto de desleixados entre os ricos. Quanto mais podem comprar, mais compram, pegam, ganham, colecionam e guardam. Embora muitas pessoas saiam e gastem dinheiro comprando objetos para ajudá-las a organizar suas coisas, os desleixados e atolados vivem em meio a isso tudo, deixando que a bagunça seja seu ambiente natural em vez de combatê-la aos poucos.[23]

> Você tem liberdade de escolha, mas as escolhas que você faz hoje determinam o que você terá, será e fará no amanhã.
>
> *Zig Ziglar[24]*

O desleixo também ocorre por força do hábito. As pessoas podem se acostumar com hábitos nocivos para sua qualidade de vida,

---

[21] Mark J. Penn & E. Kinney Zalesne, *Microtendência: as pequenas forças por trás das grandes mudanças de amanhã* (Rio de Janeiro: BestSeller, 2008), p. 345.

[22] *Ibid.*, p. 344.

[23] *Ibid.*, p. 346.

[24] Zig Ziglar, *apud* Sandra Anne Taylor, *Quantum Success: the Astounding Science of Wealth and Happiness*, cit., p. 103.

como, por exemplo, a bagunça ou qualquer outra coisa, por comodismo. Suponha que você tem acesso a alimentos em abundância e que você "não está nem aí" para o seu corpo: come além do necessário e ganha progressivamente alguns quilos. Isso o deixa frustrado, e esse é mais um motivo para comer ainda mais. Até que chega o momento em que você decide que é *cômodo* acreditar que está tudo bem e que você não liga para o seu excesso de peso. E você se acostuma. Cuidado, é aí que reside o perigo. Nós nos acostumamos com as coisas boas e também com as ruins. E podemos nos acostumar com o fato de nos sentirmos controlados por determinados hábitos em vez de exercermos controle sobre eles. No exemplo anterior, em vez de você controlar a sua alimentação, você se sente controlado pelos alimentos.

Do ponto de vista energético, quando nos sentimos controlados por nossos hábitos, geramos uma "energia estagnada", nociva para realização pessoal. Não estou sugerindo que mudar um hábito seja fácil, estou querendo dizer que *é possível*. Provavelmente, será necessário priorizar objetivos e dedicar mais energia e mais tempo para realizar ações diárias alinhadas com os seus objetivos. É a sua qualidade de vida que está em jogo, o que você vai fazer para melhorá-la?

> Se você se encontrar
> dentro de um buraco,
> pare de cavar.
>
> *Provérbio popular*[25]

Se temos a habilidade de influenciar as nossas vidas, por que tantos de nós se sentem infelizes? Sandra Taylor faz uma reflexão interessante a esse respeito, ela acredita que o sentimento de in-

---

[25] Provérbio popular, *apud* Sandra Anne Taylor, *Quantum Success: the Astounding Science of Wealth and Happiness*, cit., p. 232.

satisfação é consequência de duas escolhas que tendemos a fazer. A primeira escolha se refere ao fato de julgarmos em vez de valorizarmos determinada situação. Isso cria uma "lacuna" entre as nossas expectativas e o que realmente vivenciamos. A segunda escolha se refere ao fato de vivermos sentindo inveja em vez de sentir reconhecimento.

> Isso pode se tornar uma síndrome debilitante e crônica, na qual a nossa consciência está dirigida para o que as outras pessoas têm, e isso faz com que a nossa felicidade seja corroída pelo ressentimento das coisas que nos faltam.[26]

Deixe-me exemplificar esses conceitos. Suponha que você está insatisfeito com seu peso e deseja emagrecer. Em vez de morrer de inveja ao se comparar com as pessoas que têm um corpo atlético, não espere ficar feliz *somente* quando alcançar o peso ideal, você pode decidir ficar feliz *agora*, celebrando cada pequeno passo (mesmo que minúsculo) em direção ao seu objetivo.

Apenas faça.

Outro padrão de pensamento que mina a alegria das pessoas é o que eu chamo de "síndrome do conhecimento virtual". Muitas pessoas buscam ansiosamente informações para melhorar a qualidade de vida, entretanto, não se preocupam em colocá-las em prática. Isso é muito fácil de ser observado, pense nas pessoas que estão desesperadas para emagrecer e que conhecem de cor e salteado o número de calorias dos alimentos ou nas que fazem um curso após o outro sem que isso signifique necessariamente que coloquem em prática o que aprendem.

---

[26] *Ibid.*, p. 229.

Em vez de ficar ansioso na busca cada vez maior por informações, preocupe-se em colocar em prática o que você já sabe. Não adianta nada fazer um curso ou ler um livro se você não colocar em prática as informações que podem agregar valor à sua vida. Alegar que você tem ideias sensacionais e não colocá-las em prática não gera mudanças significativas. Se você deseja mudar, aja.

Flexibilidade

O mais efetivo modo de lidar com a
mudança é ajudar a criá-la.

L. W. Lynett[1]

É muito comum nos perguntarmos diante de uma determinada situação se estamos agindo de maneira eficiente. Quando se trata de liderança, a pergunta pode conduzir a muitas especulações. É importante lembrar que o tema "liderança" é uma ciência humana e, portanto, envolve diversas variáveis. Nesse sentido, buscar um único modelo de comportamento, que seja eficaz em todas as situações, é muito limitante.

Pesquisa realizada pela empresa de consultoria Hay/McBer, com uma amostra aleatória de 3.781 executivos, selecionados de uma base de dados de mais de 20 mil no mundo todo, demonstrou o impacto de diferentes estilos de liderança no clima organizacional (atmosfera de trabalho) e nos resultados financeiros.[2] Essa pesquisa identificou seis estilos distintos de liderança e não é

---

[1] L. W. Lynett, *apud* Paulo Eduardo Laurenz Buchsbaum (pesquisa e seleção), *Frases geniais*, cit., p. 89.

[2] Diversos autores, *Liderança: os melhores artigos da Harvard Business Review* (Rio de Janeiro: Elsevier, 2006), p. 10.

surpreendente constatar que os líderes com melhores resultados usam diversos estilos em diferentes situações. Às vezes é necessário utilizar diferentes estilos no mesmo dia.

Daniel Goleman, no livro *The New Leaders*,[3] em parceria com outros pesquisadores, identificou as habilidades da inteligência emocional que conduzem os seis estilos de liderança. Vejamos com mais detalhes cada estilo.

Estilo comandante, do tipo "Faça o que eu digo"

Esse estilo é um legado do modelo de liderança militar do tipo "comando-e-controle". Nesse modelo, os líderes exigem obediência imediata, entretanto, nem sempre se preocupam em explicar os porquês. Goleman observa que esse modelo de liderança é o que exerce o impacto mais negativo no ambiente de trabalho e é preciso usar esse estilo em situações muito específicas.

Quando esse estilo de liderança é empregado de forma inadequada, ele tende a deteriorar os relacionamentos, contribuindo para aumentar a rotatividade da mão de obra.

> Na realidade, entrevistas realizadas com 2 milhões de empregados em setecentas empresas americanas revelaram que o que determina o quanto os colaboradores permanecem na empresa – e o quão produtivos eles são – é a qualidade do relacionamento deles com o seu chefe imediato.[4]

Esse estilo é adequado em situações de emergência como, por exemplo, liderar um grupo para evacuar um prédio que está pe-

---

[3] Daniel Goleman *et al.*, *The New Leaders: Transforming the Art of Leadership into the Science of Results* (Londres: Sphere, 2007).

[4] *Ibid.*, p. 105.

gando fogo. Líderes que assumem o controle podem ajudar as pessoas a se acalmarem em situação de tumulto ou de crise. Outra situação em que esse estilo pode ser adequado é quando for necessário lidar com funcionários problemáticos. Além disso, a liderança de estilo comandante funciona muito bem quando usada para mudar estratégias de negócios ineficientes para novas maneiras de realizar o trabalho.

Estilo visionário, do tipo "Venha comigo"

Esse estilo de liderança mobiliza as pessoas em direção a um objetivo comum, mas não é específico no que se refere a como alcançá-lo. As pessoas têm liberdade para inovar e assumir riscos calculados. Uma vez que conhecem o objetivo maior da organização, elas têm clareza de como podem contribuir para alcançar determinado resultado.

Esse estilo é adequado quando as mudanças requerem uma nova visão ou quando é necessária uma determinada direção. Imagine colaboradores que têm comportamentos incoerentes com a missão da empresa. Suponha que essa missão seja "atender bem os clientes", e muitos funcionários trabalham de mau humor e não agem com cortesia. O líder que adota o estilo visionário dá o exemplo para a equipe por meio de seu comportamento, lembra a todos que mau humor é incoerente com a missão da empresa e os inspira a trabalhar de acordo com essa visão. Para comunicar uma determinada orientação de maneira clara, é preciso agir com transparência – o que significa compartilhar informações com os colaboradores em todos os níveis da organização. Esse é o estilo de liderança que exerce o impacto mais positivo sobre o organizacional.

Esse estilo é inadequado quando o líder trabalha com um grupo de *experts* ou com colaboradores mais experientes do que ele. Lembrar a "missão maior" da organização pode soar pretensioso ou fora de contexto.

Estilo treinador ou *coach*, do tipo "Tente isto"

Esse é o estilo do líder que se preocupa com o desenvolvimento dos membros de sua equipe. Ele atua como um "treinador", ajudando o colaborador a identificar metas e a desenvolver habilidades para alcançá-las. Quando o líder age dessa forma, ajuda o colaborador a identificar suas forças e fraquezas e faz críticas construtivas para que possa melhorar sua *performance*. Isso demonstra que o líder se preocupa com seu colaborador, o que tende a gerar motivação e a exercer impacto positivo no ambiente de trabalho.

Esse estilo funciona muito bem quando as pessoas querem ser instruídas e com aquelas que valorizam o desenvolvimento pessoal. Por outro lado, esse estilo é inadequado para profissionais que, por qualquer razão, sejam resistentes ao aprendizado ou à mudança. Se o líder não tiver a habilidade de fazer uma crítica de forma que a pessoa se sinta respeitada – sem gerar medo ou apatia –, o estilo de liderança treinador não vai funcionar. O objetivo desse estilo de liderança é instruir para gerar desenvolvimento e não censurar.

A pesquisa revelou que esse estilo apareceu com menos frequência, pois muitos líderes alegaram que não tinham tempo disponível para ensinar as pessoas e contribuir para o crescimento delas. Como observa Goleman, após a primeira reunião, isso toma pouco tempo. "Os líderes que ignoram esse estilo estão perdendo um poderoso recurso: seu impacto no clima e no desempenho é acentuadamente positivo."[5]

---

[5] Diversos autores, *Liderança: os melhores artigos da Harvard Business Review*, cit., p. 27.

Estilo agregador, do tipo "As pessoas vêm primeiro"

Esse estilo de liderança procura construir relacionamentos e melhorar a convivência entre as pessoas. O líder reconhece as necessidades do colaborador em períodos "difíceis" da sua vida pessoal e oferece apoio emocional nesses momentos. Esse comportamento procura fortalecer os relacionamentos e a lealdade entre os membros, consequentemente, o impacto no clima é positivo.

Esse estilo é conveniente, por exemplo, quando um colaborador tem uma doença e precisa adequar sua jornada de trabalho para fazer determinado tratamento de saúde. O líder compreende essa necessidade e faz algumas alterações para que o funcionário possa se tratar de maneira eficiente. Além disso, o estilo agregador é útil para melhorar a comunicação ou restaurar os laços de confiança entre as pessoas.

Quando o estilo agregador é mal-empregado, pode desencadear conflitos. Suponha um líder que esteja muito preocupado em criar harmonia entre os membros de sua equipe; a tendência é que ele passe a evitar conflitos e deixe de fazer críticas construtivas que permitam o crescimento das pessoas – essa atitude, em geral, aumenta os conflitos. Não enfrentá-los não fará com que os conflitos desapareçam.

Estilo democrático, do tipo "O que vocês acham?"

Esse estilo de liderança é particularmente eficiente quando o líder precisa ouvir as opiniões das pessoas para obter informações, quando ele não está seguro sobre qual decisão tomar ou para chegar a um consenso sobre determinado assunto.

Pode parecer óbvio pensar que o estilo democrático é adequado para a maioria dos casos, entretanto é preciso ficar atento para algumas situações. Esse estilo não é eficiente quando os colaboradores não são competentes ou suficientemente informados para oferecer um conselho seguro, ou em tempos de crise, quando o grupo não consegue chegar a um consenso a respeito de determinada estratégia. Outro risco, é o líder não estar preparado para ouvir a opinião sincera dos colaboradores e acabar intimidando a equipe. Além disso, quando mal-empregado, o estilo democrático pode gerar reuniões "improdutivas". Nessas situações, é comum perder o foco com reuniões intermináveis, que têm por objetivo chegar a um consenso, mas que, na prática, acabam gerando propostas evasivas e sem o comprometimento das pessoas.

Estilo *pacesetting*,[6] do tipo "Faça como eu faço, agora"

A respeito desse estilo, Goleman escreve:

> O líder estabelece padrões de desempenho extremamente altos e exemplifica a si mesmo neles. Ele é obsessivo a respeito de como fazer as coisas melhor e mais rápido e pede o mesmo de todos em torno dele. Com rapidez e exatidão, ele aponta os desempenhos medíocres e exige mais dessas pessoas. Se elas não se elevarem com a oportunidade, o líder as substitui por pessoas que possam fazê-lo. Você poderia pensar que uma abordagem dessas poderia melhorar os resultados, mas não melhora.[7]

---

[6] Estilo de liderança que estabelece padrões de desempenho.
[7] Daniel Goleman *et al.*, *The New Leaders: Transforming the Art of Leadership into the Science of Results*, cit., p. 24.

De fato, esse estilo tem um impacto negativo no clima organizacional e deve ser utilizado em situações específicas como, por exemplo, na gestão de um grupo extremamente competente e motivado que sabe "exatamente o que precisa fazer" e exige pouca direção da liderança. É útil lembrar: quanto mais pressão é exercida sobre as pessoas, maior será a ansiedade e menor será a chance de se encontrar soluções criativas para um problema.

"Qualquer que seja o repertório de estilos de liderança que um líder exibe hoje, ele poderá ser ampliado amanhã."[8]

O seu repertório de estilos de liderança

Como o assunto liderança é uma ciência humana, a opção por determinado estilo não pode ser feita de maneira mecânica; é preciso ter fluidez para trocar flexivelmente de um estilo para outro. Quanto mais estilos um líder adotar, melhor. A ideia é que se possa aumentar o repertório de estilos para liderar de maneira eficiente.

Como propõe Goleman, uma das maneiras de expandir o seu repertório de estilos de liderança é desenvolver competências da *inteligência emocional* (habilidade de dirigir eficazmente a nós mesmos e a nossos relacionamentos) que fundamentam estilos específicos. Veja a seguir quais são elas.[9]

COMPETÊNCIAS PESSOAIS

Estas habilidades determinam como gerenciamos a nós mesmos:

---

[8] *Ibid.*, p. 111.
[9] Adaptado de Daniel Goleman, *et al.*, *The New Leaders: Transforming the Art of Leadership into the Science of Results*, cit., pp. 47-48 e de diversos autores, *Liderança: os melhores artigos da Harvard Business Review*, cit., pp. 34-35.

Autoconsciência

~ Autoconsciência emocional: habilidade de ler e entender as emoções assim como de reconhecer seu impacto no desempenho do trabalho e nos relacionamentos.

~ Autoavaliação: avaliação realista de suas forças e limitações.

~ Autoconfiança: percepção profunda e positiva das próprias capacidades.

Autogerenciamento

~ Autocontrole: habilidade de manter emoções perturbadoras e impulsos sob controle.

~ Transparência: capacidade de demonstrar integridade e honestidade e de ser digno de confiança.

~ Adaptabilidade: flexibilidade para se adaptar a mudanças e superar obstáculos.

~ Orientação para resultados: disposição para melhorar o próprio desempenho e para encontrar um padrão interno de excelência.

~ Iniciativa: disponibilidade para agir e aproveitar as oportunidades.

~ Otimismo: diante de contratempos, habilidade de enxergar uma oportunidade e não uma ameaça.

COMPETÊNCIAS SOCIAIS

Estas habilidades determinam como gerenciamos nossos relacionamentos:

Consciência social

~ Empatia: habilidade de perceber as emoções das outras pessoas, entender suas perspectivas e ter interesse ativo por suas preocupações.

∂ Consciência organizacional: habilidade de perceber as forças políticas, as redes de relacionamentos importantes e as regras (escritas ou não) da organização.

∂ Orientação de serviço: habilidade de reconhecer as necessidades dos liderados e dos clientes e atender a elas.

Habilidade social

∂ Liderança inspiradora: habilidade de liderar e inspirar com uma visão convincente.

∂ Influência: habilidade de utilizar uma série de táticas persuasivas.

∂ Desenvolvimento dos outros: habilidade de desenvolver as competências dos outros por meio de *feedback* e orientação.

∂ Comunicação: habilidade de ouvir e enviar mensagens claras e convincentes.

∂ Mudança catalisadora: habilidade de pôr em prática novas ideias e liderar pessoas em uma nova direção.

∂ Gerenciamento de conflitos: habilidade de resolver conflitos.

∂ Construção de laços: habilidade de cultivar e manter uma rede de relacionamentos.

∂ Trabalho de equipe e colaboração: habilidade de promover a cooperação e de formar equipes.

> Somos o que fazemos, mas somos, principalmente, o que fazemos para mudar o que somos.
>
> *Eduardo Galeano[10]*

---

[10] Eduardo Galeano, *apud* Paulo Eduardo Laurenz Buchsbaum (pesquisa e seleção), *Frases geniais*, cit., p. 88.

O mito do líder ideal

A meu ver, uma das grandes contribuições desse estudo é demonstrar que não existe uma fórmula de liderança que seja eficiente em todas as situações. Isso permite nos libertar de ideias preconcebidas a respeito do que consideramos ser um "líder ideal". Dessa maneira, deixamos de pensar em estilo de liderança "correta" ou "incorreta" e pensamos em estilo de liderança "adequado" ou "inadequado" para determinada situação. Além disso, o estudo permite ampliar nossas opções de comportamento em diferentes situações.

Somos influenciados por estudos e linhas de pensamento que idealizam o papel do líder. Como reflete Jeffrey Pfeffer,

> Até o momento, de alguma maneira, muitas pessoas ainda veem o papel do líder como tendo muito discernimento para tomada de decisões, como sendo um grande estrategista, e sabendo muito a respeito dos detalhes das operações. Em resumo – apesar de toda a literatura sobre *empowerment*[11] e descentralização –, os líderes são vistos como megaexecutivos, detentores de mais conhecimento, mais habilidades técnicas, e talvez mais de tudo que quaisquer outros executivos na empresa.[12]

Na era do conhecimento, em que as informações precisam ser atualizadas com frequência cada vez maior, a idealização do líder

---

[11] O termo *empowerment* "parte da ideia de dar às pessoas o poder, a liberdade e a informação que lhes permitem tomar decisões e participar ativamente da organização"; em outras palavras, significa oferecer poder ou autoridade para alguém agir. Fonte: http://www.wikipedia.org/empowerment.

[12] Jeffrey Pfeffer, "Are the Best Leaders like Professors?", em Frances Hesselbein & Marshall Goldsmith (orgs.), *The Leader of the Future 2: Visions, Strategies and Practices for the New Era* (São Francisco: Jossey-Bass, 2006), p. 228.

como o indivíduo que possui mais conhecimento do que os outros é, no mínimo, inadequada. Peter Drucker[13] chamou a atenção inúmeras vezes para o fato de que muitos líderes precisam aprender a liderar com eficiência até mesmo os profissionais que sabem mais que eles.

Quando me refiro a conhecimento, não estou sugerindo que não é necessário o líder se atualizar ou se aprimorar. Ao contrário, quando o líder demonstra que se preocupa em expandir seus conhecimentos ele dá o exemplo e essa atitude pode aumentar sua capacidade de ajudar os outros. O que estou querendo dizer é que, para exercer influência sobre as pessoas, o líder não precisa obrigatoriamente conhecer em profundidade todos os detalhes do trabalho. Ter a atitude "eu sei tudo" limita a possibilidade de aprendizado com os outros.

> Sempre dizem que o tempo muda as coisas, mas quem tem que mudá-las é você.
>
> *Anaïs Nin*[14]

A flexibilidade no uso de diferentes estilos – um caso prático

Todos os estilos de liderança apresentados são úteis em determinado contexto e se forem utilizados de maneira adequada. Estou partindo do princípio de que, ao usar esses estilos, o líder se *comunica de maneira coerente* (faz o que fala) e *transmite respeito*

---

[13] Peter Drucker, *apud* Marshall Goldsmith, "Leading New Age Professionals", em Frances, Hesselbein & Marshall Goldsmith (orgs.), *The Leader of the Future 2: Visions, Strategies, and Practices for the New Era*, cit., p. 169.

[14] Anaïs Nin, *apud* Paulo Eduardo Laurenz Buchsbaum (pesquisa e seleção) *Frases geniais*, cit., p. 89.

para as pessoas. Conduzi, em 2008, um treinamento de liderança para trezentos gestores de uma empresa prestadora de serviços públicos para a população. Um dos exercícios do treinamento era ampliar a flexibilidade dos participantes para que eles pudessem usar diferentes estilos de liderança em função de determinado contexto.

Em uma pesquisa informal, a maioria dos participantes demonstrou ideias preconcebidas com relação a determinados estilos, considerando alguns "bons" e outros "ruins". Insisto em dizer que *todos* os estilos podem ser eficientes se forem usados de maneira adequada em um contexto específico. A ideia é aumentar a flexibilidade e alternar os estilos de liderança para lidar com diferentes situações de maneira mais eficiente. Por exemplo, o estilo comandante, do tipo "faça o que eu digo", em geral, é visto como ineficiente, entretanto observe uma situação real em que a flexibilidade no uso de estilos foi eficiente para resolver um impasse:

MARINA TEM UMA EQUIPE DE TRÊS COLABORADORAS, QUE POR SUA VEZ GERENCIAM 150 PESSOAS. AS TRÊS ESTÃO NA EMPRESA HÁ UM ANO, TODAS SÃO MÃES E TODAS DESEJAM TIRAR OS TRINTA DIAS DE FÉRIAS REMUNERADAS DURANTE O PERÍODO DE FÉRIAS ESCOLARES DE SEUS FILHOS, OU SEJA, NO MÊS DE JANEIRO. SOMENTE UMA DELAS PODE SE AUSENTAR POR VEZ PARA NÃO COMPROMETER O ATENDIMENTO AO PÚBLICO. MARINA É UMA GESTORA QUE VALORIZA MUITO A JUSTIÇA E, COMO NÃO QUER FAVORECER NENHUMA COLABORADORA, ADOTOU O ESTILO DEMOCRÁTICO PARA RESOLVER ESSE IMPASSE.

MARINA PEDIU QUE ELAS DEFINISSEM ENTRE SI QUEM IRIA TIRAR AS FÉRIAS NAQUELE ANO. SEM CHEGAR A UM CONSENSO ELAS DISCUTIRAM, GERANDO CONFLITOS E RESSENTIMEN-

TOS. COMO NÃO CONSEGUIRAM DECIDIR POR SI MESMAS, A GESTORA OPTOU PELO SORTEIO. EMBORA MARINA TENHA ASSUMIDO O CONTROLE DA SITUAÇÃO (ESTILO COMANDANTE, DO TIPO "FAÇA O QUE EU DIGO"), ELA EXPLICOU O PORQUÊ DE SUA ATITUDE E DEFINIU COM O GRUPO UM REVEZAMENTO. SE A COLABORADORA A TIROU FÉRIAS EM JANEIRO DE 2009, EM JANEIRO DE 2010 SERÁ A VEZ DA COLABORADORA B E ASSIM SUCESSIVAMENTE. A MUDANÇA DE ESTRATÉGIA PARA RESOLVER UM IMPASSE IMPEDIU QUE OS CONFLITOS AUMENTASSEM, GERANDO UM DESGASTE DESNECESSÁRIO. ANTERIORMENTE, MARINA TENTAVA RESTAURAR OS RELACIONAMENTOS CONVERSANDO INDIVIDUALMENTE COM AS COLABORADORAS, MAS SEM OBTER SUCESSO. COMO ELA MESMA DISSE: "AS REUNIÕES QUE EU MARCAVA SÓ GERAVAM MAIS RECLAMAÇÕES E RESSENTIMENTOS NO GRUPO. EU PERDIA MUITO TEMPO PARA RESOLVER UM PROBLEMA RELATIVAMENTE SIMPLES E FICAVA DESGASTADA EMOCIONALMENTE".

No plano pessoal, o uso de diferentes estilos de liderança também pode melhorar sua interação com outras pessoas. Diante de um impasse, pergunte-se o que é adequado naquela circunstância específica:

É NECESSÁRIO CONDUZIR AS PESSOAS E FALAR O QUE DEVE SER FEITO? | É NECESSÁRIO DAR O EXEMPLO DE UM NOVO COMPORTAMENTO QUE VOCÊ DESEJA QUE SEJA REPRODUZIDO PELOS OUTROS? | É NECESSÁRIO CONSTRUIR LAÇOS EMOCIONAIS E RESTAURAR OS RELACIONAMENTOS? | É NECESSÁRIO PERGUNTAR A OPINIÃO DOS OUTROS PARA SE CHEGAR A UM CONSENSO? | É NECESSÁRIO ESTABELECER PADRÕES E DEIXAR AS PESSOAS AGIREM LIVREMENTE? | É NECESSÁRIO CONTRIBUIR PARA O DESENVOLVIMENTO DO OUTRO?

Qualquer que seja seu comportamento diante de um impasse, lembre-se de que você tem opção de escolha de comportamentos e pode usar não só um estilo, mas vários para lidar com a situação de maneira eficiente.

Diferentes gerações, diferentes estratégias

Nada é mais inútil do que fazer com eficiência algo que não devia ser feito.

Peter Drucker[1]

Reconheço que é tentador imaginar que exista um estilo de liderança que "vá funcionar" em todas as situações. Em treinamentos de liderança e gestão de pessoas, eu encontro, com frequência, participantes que esperam uma "receita" que irá funcionar em diversas situações. Economize seu tempo: a liderança é uma ciência humana e, por esse motivo, está sujeita a uma série de variáveis.

Em vez de pensar em estilo "certo" ou "errado", é preferível pensar num estilo de liderança adequado para diferentes situações e pessoas. Permita-me lembrá-lo do conceito de liderança que utilizo neste livro: "Liderar significa exercer influência sobre a sua própria vida e a das pessoas que estão ao seu redor". Assim, as características individuais de seus colaboradores, colegas e até de seus gestores irão interferir na forma que você irá interagir com eles.

---

[1] Peter Drucker, *apud* Steve Chandler & Scott Richardson, *Motivando para o sucesso: conquiste resultados incríveis sem levar sua equipe à loucura*, cit., p. 59.

Adaptar o seu estilo de liderança não significa se tornar um camaleão; significa conhecer as características individuais das pessoas com as quais você se relaciona e adequar o seu estilo em função da situação.

> Você também tem um estilo de trabalhar com outras pessoas que, muito provavelmente, se tornou um padrão estabelecido na sua vida. Uma vez que o seu estilo de fazer as coisas atenda às necessidades da organização e de seus membros, você será bem-sucedido.
>
> *Stephen Rafe*[2]

O modelo da *liderança situacional*, idealizado por Paul Hersey e Kenneth Blanchard, propõe que o estilo de liderança adotado pelo líder deve refletir as necessidades da pessoa liderada, levando em conta seu grau de competência e comprometimento. Esse modelo é muito útil para que você possa identificar o estilo de liderança adequado para atender às necessidades específicas de uma pessoa. De acordo com os autores, os modelos de liderança são os seguintes:[3]

- direção: o líder informa o que o liderado deve fazer e supervisiona o trabalho de perto;
- treinamento: as decisões ainda são tomadas pelo líder, embora o liderado tenha maior participação nesse processo;
- apoio: o líder permite que o liderado tenha mais liberdade para decidir o que fazer e como fazer e supervisiona sem agir de forma controladora;

---

[2] Stephen Rafe, *apud* Richard Templar, *The Rules of Management: a Definitive Code for Managerial Success* (Harlow: Pearson Education, 2005), p. 57.

[3] Adaptado de David Pardey, *Introducing Leadership* (Oxford: Elsevier, 2007), p. 20.

DIFERENTES GERAÇÕES, DIFERENTES ESTRATÉGIAS

❧ delegação: os liderados tomam decisões por si mesmos, com pouca direção específica, e definem o tipo de ajuda que precisam do líder.

Para exemplificar, pense em dois comportamentos distintos: dar direção e dar apoio. Como saber o que você deve oferecer para um colaborador? Depende das características dele, se ele tiver habilidades muito desenvolvidas em uma tarefa específica é pouco provável que precise de direção, ele sabe especificamente o que fazer e o faz com muita habilidade. Nesse caso, é provável que ele valorize receber apoio e encorajamento. Por outro lado, se você tiver um colaborador que não tem habilidade para realizar uma tarefa, a tendência é que ele fique frustrado caso você não fale especificamente o que ele precisa fazer e não o treine.

O modelo da liderança situacional também permite fazer uma reflexão sobre as etapas do desenvolvimento de uma pessoa até que ela adquira competência para realizar uma tarefa sozinha, praticamente sem supervisão. Às vezes, quando a delegação "não dá certo" e a pessoa apresenta desempenho ineficiente para realizar uma tarefa, uma das maneiras de solucionar o problema é identificar o que a pessoa precisa: direção, treinamento ou apoio?

Um dos caminhos para obter o desempenho eficiente de uma pessoa é oferecer o que ela precisa. Não é incomum encontrar profissionais que assumem o cargo de gestão de pessoas sem terem sido preparados para isso. Em algumas áreas, o critério de escolha do profissional para assumir cargos de liderança depende do seu conhecimento técnico, mas isso não significa, *necessariamente,* que ele tenha habilidade para gerir pessoas. Uma coisa não tem nada a ver com outra. É evidente que o aprendizado pode ocorrer na prática, mas por que optar por um caminho mais difícil e mais longo quando diferentes treinamentos contribuem para o desenvolvimento dessa competência?

> Se o ritmo da mudança externa
> excede o ritmo da mudança interna,
> o fim está próximo.
>
> *Jack Welsh*[4]

Outra forma de abordar diferentes estilos de liderança é conhecer as tendências de comportamento de uma geração para aprender a lidar com ela da melhor forma possível. Embora seja muito complexo identificar o que caracteriza uma geração, algumas mudanças históricas exercem impacto nas relações de trabalho e, por consequência, nas estratégias e práticas adotadas pelas lideranças.

As generalizações das diferentes gerações não devem ser vistas como "um conjunto de dados definitivo", nem pretendem criar uma estrutura que possa "enquadrar" as pessoas em modelos determinados. O objetivo de apresentar um conjunto de características comuns a uma geração é identificar tendências de comportamento para adotarmos estratégias eficientes para determinado grupo.

Vale lembrar que nenhum estereótipo ou generalização é capaz de traduzir toda a riqueza ou a complexidade de uma geração. Qualquer tipo de generalização é baseado numa amostragem de dados e, portanto, não reflete as particularidades de cada indivíduo. A generalização é uma das formas de um grupo tentar entender outro grupo, entretanto, o objetivo não é rotular nem classificar o comportamento das pessoas. Nós podemos sofrer grandes influências de diferentes gerações e consequentemente isso influencia os nossos comportamentos e a nossa forma de pensar.

Como descrevem David Logan e John King, "infelizmente, muitos gestores acabam os treinamentos sobre o comportamento da geração X acreditando sinceramente que agora eles compreen-

---

[4] Jack Welsh, *apud* Steve Chandler & Scott Richardson, *Motivando para o sucesso: conquiste resultados incríveis sem levar sua equipe à loucura*, cit., p. 176.

dem 'esse grupo' (como se o indivíduo não tivesse importância)".[5] A seguir, demonstrarei algumas generalizações sobre diferentes gerações, e alerto para o fato de que isso não exclui a necessidade de entender as características individuais de cada pessoa para usar uma estratégia de gestão eficiente.

Diversos especialistas identificam quatro gerações distintas atuando no mercado de trabalho atualmente. Embora esses estudos tenham sido conduzidos nos Estados Unidos, é possível identificar características semelhantes em diferentes países, sobretudo com relação à geração Y, também conhecida por "geração do milênio".

Geração *baby boomers*: nascidos entre 1946 e 1964

Essa geração compartilha o otimismo do final da década de 1960 e início dos anos 1970. Muitos membros desse grupo se preocupam com o autodesenvolvimento e valorizam a família, além do trabalho. Acostumada com o estilo de liderança do tipo "comando e controle" de seus chefes, essa geração tende a trabalhar duro e, habitualmente, não faz reivindicações, embora tenha uma relação de "desconfiança" com a liderança. Tem a expectativa de permanecer muitos anos no mesmo emprego.

Geração X: nascidos entre 1965 e 1977

Enquanto essa geração crescia, o mundo foi ameaçado por uma guerra, a segurança no emprego se tornou uma "relíquia do passado" e isso influenciou esse grupo a contar com seus próprios recursos para crescer profissionalmente num ambiente "instá-

---

[5] David C. Logan & John King, *The Coaching Revolution: how Visionary Managers Are Using Coaching to Empower People and Unlock Their Full Potential* (Massachusetts: Adams Media, 2004), p. 218.

vel". Essa geração tende a ter foco em resultados, tem uma visão empreendedora e desenvolveu a habilidade para aprender novas tecnologias para se manter no mercado. Embora essa geração se preocupe em ter uma relação mais equilibrada entre a vida pessoal e a profissional, ela tende a realizar as tarefas por si mesma em vez de trabalhar em equipe. Nesse sentido, é um grupo mais "individualista", para o qual os esforços individuais são mais reconhecidos do que o trabalho em grupo.

Geração Y: nascidos entre 1978 e 1989

Essa geração também é conhecida como "geração millennials" ou "geração do milênio". Alguns especialistas estendem o período que engloba essa geração até o ano de 2002.

A geração Y cresceu exposta a doenças como a aids, viu o terrorismo se tornar um fenômeno mundial, brincou com *videogames* cada vez mais violentos e assistiu cada vez mais a propagandas com apelo sexual. Esse quadro parece pessimista, não é? Não se deixe enganar pelas aparências, pois as pesquisas indicam que é uma geração otimista, proativa, ambiciosa, que valoriza o trabalho em equipe e o relacionamento com a liderança e os colaboradores e "quer fazer diferença". A geração Y é a geração que engloba os filhos da "revolução da informação". Entre os vários aspectos positivos dessa geração, podemos observar:

Autoconfiança e autoestima

Felizmente, a geração Y tem a autoestima fortalecida, explicada em parte pelo tipo de educação que receberam. Seus membros foram criados acreditando que serão bem-sucedidos se tiverem um objetivo bem definido e se trabalharem duro para alcançá-lo.

DIFERENTES GERAÇÕES, DIFERENTES ESTRATÉGIAS

Também foram estimulados por seus pais e educadores a expressar o seu ponto de vista e a falar sobre os seus sentimentos, tanto em família quanto na vida profissional.

No que se refere à igualdade de direitos, as mulheres dessa geração têm a expectativa de ter as mesmas oportunidades e de serem tratadas com o mesmo respeito que os homens.

Essa geração está habituada com a presença dos computadores desde a infância e tem grande habilidade para acessar uma infinidade de informações na internet de forma muito mais rápida que as gerações anteriores. O desenvolvimento de uma competência, qualquer que seja ela, tende a fortalecer sua autoestima na medida em que melhora sua autoconfiança.

Tolerância

A geração Y preocupa-se em construir uma sociedade mais aberta e tolerante. Muitos de seus membros cresceram cercados por diferentes raças, religiões, culturas e estilos de vida. "De fato, a geração Y é a primeira a envelhecer enquanto a população de brancos nos Estados Unidos se torna uma minoria."[6] Ela acredita que o talento e a competência devem ser responsáveis pelo sucesso de um profissional e não aceita o fato de as pessoas serem julgadas em função de sua orientação sexual, política ou religiosa.

Consciência ecológica e responsabilidade social

Essa geração está cada vez mais consciente a respeito do impacto das ações da empresa no meio ambiente e na comunidade. É natural que se preocupe com programas de reciclagem de materiais,

---

[6] Carolyn A. Martin & Bruce Tulgan, *Managing Generation Y: Global Citizens Born in the Late Seventies and Early Eighties* (Massachutsetts: HRD, 2001), p. 10.

com ações ecológicas e que respeite o meio ambiente. É importante para ela escolher um trabalho que exerça impacto positivo sobre os outros.

Trabalho em equipe

Talvez por passar muito tempo trabalhando sozinhos com a internet ou no computador, os membros da geração Y anseiam por estabelecer contato com os outros. Eles esperam até mesmo criar laços de amizade com os outros colaboradores. Lembre-se de que é uma geração acostumada a estabelecer contato com as outras pessoas virtualmente, tanto as de seu país como as do exterior.

Educação

Por influência da educação que receberam de seus pais, e de um mercado que exige atualização permanente em função das rápidas mudanças, a geração Y valoriza a educação e acredita que o caminho para o sucesso é o aprendizado. Além da rotina habitual da escola, muitas pessoas dessa geração participaram de atividades extracurriculares (antes ou depois da escola) e tiveram um "time" que deu apoio e encorajamento nesse processo: pais, avós, professores, terapeutas. Sem falar que o uso de telefones celulares e as ligações a distância, via computadores e *pagers*, de certa maneira, permitiram que os pais acompanhassem seus filhos "mais de perto". No que se refere ao estilo de vida, essa geração foi hiperestimulada pela velocidade de acesso a um grande número de informações na internet, pela ação dos *videogames* e pelas inúmeras atividades no dia a dia.

DIFERENTES GERAÇÕES, DIFERENTES ESTRATÉGIAS

Estratégias de gestão para a geração Y

As mudanças na sociedade e na tecnologia exerceram um grande impacto na geração Y e, comparativamente com as gerações anteriores, os "Y" tendem a ser mais confiantes, mais tolerantes, mais inclinados a valorizar a educação e mais hábeis com a tecnologia virtual. As estratégias apresentadas a seguir podem ajudá-lo a gerenciar, motivar e lidar com a geração Y de forma eficiente.

Respeite-a

A geração Y, mesmo sendo muito jovem, tende a ter muita habilidade com diferentes formas de tecnologia e, especificamente nesse quesito, pode ter maior competência que os seus próprios gestores. Os membros desse grupo não suportam ser discriminados e tratados com desrespeito pelo simples fato de serem jovens. Lembre-se de que, nessa "geração autoestima", muitos compartilham a ideia: "o que importa não é a minha idade, mas, sim, o que eu posso fazer". Trate-os com o mesmo respeito que você teria com um colega da sua geração.

As mulheres da geração Y também têm a expectativa de ser tratadas com o mesmo respeito conferido aos homens. Portanto, elimine definitivamente qualquer tipo de observação que possa ser ofensiva ou preconceituosa contra qualquer um.

Ofereça treinamento permanente

Como essa geração cresceu com abundância de estímulos e valoriza a aprendizagem, ela tem a expectativa de continuar esse processo dentro da empresa: pode ser por meio de treinamento formal, informal, *workshop*, curso *on-line*, reciclagem ou atualização de determinado conteúdo ou simplesmente por ser permitido que os "Y" sejam "observadores" de determinados profissionais, incluindo você. O que conta é que eles percebam que estão crescendo intelectual e profissionalmente.

Os "Y" estão acostumados com as mudanças tecnológicas e são ótimos para dizer quando uma tecnologia ficou obsoleta ou não atende mais a empresa de forma eficiente.

É adequado que as oportunidades de aprendizado sejam coerentes com as necessidades deles ou da empresa e que tenham uma rápida aplicabilidade. É muito provável que se sintam ansiosos e aborrecidos se não puderem colocar em prática rapidamente uma nova habilidade que acabaram de adquirir.

OFEREÇA *FEEDBACK* FREQUENTEMENTE

A habilidade de resposta ao *feedback* pode gerar crescimento pessoal e profissional. A geração Y tem a expectativa de que a gestão contribua para o crescimento dela, nesse sentido tende a ser receptiva ao *feedback* quando ele for construtivo e gerar aprendizado. Somente um relatório anual de *feedback*, ainda empregado por algumas organizações, não é suficiente para atender às expectativas de uma geração "rápida".

COMUNIQUE-SE DE MANEIRA CLARA E ESPECÍFICA PARA DETERMINAR OBJETIVOS

A geração Y teve acesso a inúmeros pontos de vista e admite diversas possibilidades para chegar ao mesmo resultado. Se você não for *muito* específico a respeito de como você deseja que algo seja feito, muito provavelmente o "Y" encontrará uma maneira mais criativa e inovadora que a sua de fazer o que você pediu. O

DIFERENTES GERAÇÕES, DIFERENTES ESTRATÉGIAS

que é óbvio para você nem sempre é óbvio para a outra pessoa. Elimine termos subjetivos do tipo "eu preciso do relatório o mais rápido possível". Se você precisa do relatório para amanhã de manhã às 10 horas, fale isso especificamente.

EQUILIBRE DELEGAÇÃO COM LIBERDADE DE AÇÃO

Essa estratégia é básica para motivar o profissional da geração Y. A delegação de tarefas e responsabilidades a um colaborador fortalece a autoestima dele porque aumenta o senso de capacidade e de compromisso. É também um importante instrumento de motivação. Depois de estabelecer um objetivo específico e uma determinada data para conclusão da tarefa, quando possível, ofereça liberdade de ação para o "Y", deixe-o colocar em prática a criatividade e o poder de inovação *do jeito dele*.

Lisa Orrell,[7] uma estudiosa da geração Y, apresenta oito queixas comuns dos gestores que trabalham com profissionais desse grupo. Como descreve a autora, essas reclamações podem ajudá-lo a criar estratégias próprias de acordo com o seu estilo de liderança para lidar com os seguintes desafios:

- Os profissionais da geração Y precisam de estrutura e supervisão: apesar de serem independentes e brilhantes, muitos precisam de uma direção clara e de *feedback* permanente para alcançar um objetivo.

- Como não foram acostumados a esperar muito para obter qualquer coisa, eles também têm uma expectativa de crescer na empresa rapidamente e não aceitam a "idade" como obstáculo para não serem promovidos.

---

[7] Lisa Orrell, *Millennials Incorporated: the Big Business of Recruiting, Managing and Retaining the World's New Generation of Young Professionals* (2ª ed. Deadwood: Intelligent Women Publishing, 2008).

LIDERANÇA É UMA QUESTÃO DE ATITUDE

❧ Os "Y" não lidam bem com os conflitos: essa geração cresceu aceitando e respeitando os colegas e tem habilidade para falar de seus sentimentos. Ao contrário das gerações anteriores, essa irá estranhar um líder gritando com a equipe durante uma reunião. Gritar, ameaçar despedir, falar agressivamente são estratégias que não funcionam com esse grupo.

❧ A geração Y, apesar de "trabalhar duro" quando está no trabalho, não está disposta a fazer "hora extra" com frequência e sacrificar o tempo dedicado à família e aos amigos.

❧ Os "Y", às vezes, são considerados desrespeitosos com os seus superiores. Como nota Orrell,

> Apesar da tendência de tratar as pessoas com cortesia, eles não são tolos. Se eles tiverem um gerente que demonstra claramente não ser bom nem qualificado para exercer um trabalho, eles falarão alguma coisa a respeito. Para eles, não basta que o gerente seja mais velho para que seja respeitado. Eles precisam ver que o seu chefe é realmente um bom líder, um gerente atencioso que tem alguma coisa para ensiná-los, e que não está se escondendo atrás de um "título". Você espera colocá-los à prova e eles esperam o mesmo de você.[8]

❧ Eles perguntam muito. É natural que uma geração educada para alcançar objetivos questione o valor de funções que "aparentemente" não têm importância (como tirar xerox de documentos) e queira compreender como as pequenas partes estão conectadas com o "todo" ou com um objetivo maior. O estilo "faça isto porque eu estou mandando" não funciona bem com essa geração. Além disso, é comum que diga: "há outras for-

---

[8] *Ibid.*, pp. 73-77.

mas de fazer isso"; como foi exposta a diferentes pontos de vista e infinitas opções graças à tecnologia, é esperado que ela seja "mais flexível" do que as gerações anteriores.

❧ A geração Y tende a ser sincera e segura e está acostumada a expor suas ideias e sentimentos. Se você não estiver acostumado com uma equipe que "fala o que pensa", deve sinalizar o *momento* adequado para se ter esse comportamento.

❧ A geração Y precisa ser elogiada com frequência. Desculpe-me por insistir nesse aspecto, mas dar *feedback* com maior frequência para os "Y" é um desafio para a liderança, pois não é um estilo de gestão típico das gerações anteriores (*boomers* e geração X). Isso não significa "sufocá-los" com elogios o tempo todo, mas tenha em mente que, como eles cresceram recebendo elogios de pais e professores, tendem a esperar que isso também aconteça no ambiente de trabalho. Dar *feedback* e elogiar são ferramentas de motivação, não só pelo elogio em si, mas também porque você dispõe do seu tempo para contribuir para o desenvolvimento deles.

> Eu posso explicar isso para eles, mas eu não posso entender isso por eles.
> *Dan Rather*[9]

O que a geração Y pode aprender?

Carolyn Martin e Bruce Tulgan[10] sugerem três assuntos para se abordar em um treinamento inicial com a geração Y:

---

[9] Dan Rather, *apud* Paulo Eduardo Laurenz Buchsbaum (pesquisa e seleção), *Frases geniais*, cit., p. 63.

[10] Carolyn A. Martin & Bruce Tulgan, *Managing the Generation Mix: from Urgency to Opportunity* (Massachusetts: HRD Press, 2006), p. 66.

LIDERANÇA É UMA QUESTÃO DE ATITUDE

&❧ ética no trabalho – particular de cada organização e de sua cultura: "como nós trabalhamos aqui";

&❧ habilidades para atendimento ao cliente: técnicas para resolver conflitos, lidar com clientes irados e saber escutar;

&❧ gestão do tempo: para alguns "Y", o gerenciamento do próprio tempo pode ser um desafio; lembre-se de que, em comparação com as gerações anteriores, eles tiveram uma agenda cheia de compromissos administrada pelos pais ou educadores e podem sentir-se "perdidos" para subdividir um grande objetivo em partes menores.

> A língua é a única ferramenta que fica mais afiada com o uso.
> *Washington Irving*[11]

Outra habilidade que considero conveniente desenvolver é a habilidade de comunicação verbal. Em treinamentos que ministro para o público jovem, tenho a oportunidade de conviver com profissionais brilhantes no que se refere à comunicação "não presencial". Eles se comunicam ao telefone ou por *e-mail* com muita desenvoltura, entretanto, muitos não se sentem seguros quando precisam fazer uma apresentação pessoalmente, mesmo que seja para um pequeno grupo.

Lembre-se de que a habilidade de comunicar-se por *e-mail* não tem nada a ver com a habilidade de comunicar-se pessoalmente. Como com qualquer outra habilidade, é preciso treinar para desenvolver a "comunicação cara a cara". Um texto escrito não transmite as intenções da sua voz nem dos seus gestos (que correspondem a mais de 90% da comunicação). Pode ser adequado comunicar-se por escrito em determinadas situações:

---

[11] Washington Irving, *apud* Paulo Eduardo Laurenz Buchsbaum (pesquisa e seleção), *Frases geniais*, cit., p. 145.

DIFERENTES GERAÇÕES, DIFERENTES ESTRATÉGIAS

- se você imaginar que a outra pessoa terá uma reação violenta e sentir que não terá meios para expor o seu ponto de vista;
- em razão de dificuldade para encontrar pessoalmente com o outro;
- quando é necessário um registro por escrito da comunicação.

Tenha em mente que, em situações de conflito, as suas intenções expressas através do seu tom de voz e dos seus gestos podem ser decisivas para resolver o problema. A geração Y tende a resolver "quase tudo" por *e-mail*, até mesmo conflitos, e isso nem sempre é conveniente, sobretudo para outras gerações. "Muitos podem sentir-se ofendidos e podem se perguntar: mas por que ele não falou diretamente comigo? Na nossa cultura, uma forma de demonstrar respeito pelo outro é falar diretamente com ele – naturalmente quando for possível e adequado".[12]

A primeira responsabilidade de um líder é definir a realidade.
Max De Pree[13]

Considero um equívoco acreditar que os profissionais da geração Y, apesar de serem extremamente bem informados, conheçam adequadamente a cultura da empresa em que irão trabalhar. Em geral, as empresas priorizam os treinamentos voltados para seus objetivos, suas normas, seus procedimentos e sua política. E nem sempre é dada a devida importância para treinamentos dirigidos para "multiplicar" a cultura da empresa, o que ocasiona muitos conflitos. Como o conceito de cultura envolve um conjunto de conhecimentos e costumes, que podem ser explícitos ou implícitos, muitos desses conhecimentos não são escritos.

---

[12] Karim Khoury, *Vire a página: estratégias para resolver conflitos,* cit., p. 176.
[13] Max De Pree, *apud* Steve Chandler & Scott Richardson, *Motivando para o sucesso: conquiste resultados incríveis sem levar sua equipe à loucura,* cit., p. 95.

É pouco provável que um jovem profissional (ou qualquer outra pessoa) se comporte de acordo com uma cultura que não é ensinada ou transmitida de forma adequada: "Os gerentes mais velhos ficam frequentemente surpresos quando escutam os "Y" falarem: 'Nós não sabíamos que podíamos (ou que não podíamos) fazer aquilo".[14] Nesse momento, eu acho pertinente nos questionarmos. Por acaso alguém se deu ao trabalho de explicar o que pode ou não pode ser feito? Ou o que é adequado ou inadequado ser feito de acordo com os valores e a cultura da organização? Definitivamente, esperar que o jovem profissional adivinhe ou descubra por si mesmo o que é adequado ou não de acordo com a cultura da empresa gera muita perda de tempo e muitos conflitos.

Veja um exemplo simples: para a geração Y, o importante é o que ela sabe fazer – essa é uma geração que valoriza muito a competência. Isso nem sempre significa que esses profissionais irão se vestir "de forma adequada". A aparência pessoal sempre foi um assunto delicado para todas as gerações, entretanto, tenha em mente que a geração Y valoriza muito mais o conhecimento e a tolerância do que as gerações anteriores. Se você não for muito específico a respeito do que é adequado em termos de aparência pessoal, não se surpreenda se um jovem profissional se vestir de uma forma que, para você, é no mínimo "estranha".

A maneira como uma pessoa se veste profissionalmente depende de seu trabalho, da cultura da empresa e dos padrões de segurança. A aparência pessoal também projeta "um conceito" para outras pessoas e, em alguns casos, pode até comprometer a imagem da empresa que o profissional representa. Em poucas palavras, em determinadas situações, a aparência pessoal importa e ponto final. Se a aparência for um critério importante no seu trabalho, e

---

[14] Carolyn A. Martin & Bruce Tulgan, *Managing the Generation Mix: from Urgency to Opportunity*, cit., p. 66.

se você não deseja criar conflitos, seja específico e explique o que é ou não adequado para a empresa. Não espere que o profissional adivinhe o que ele pode ou não usar. O mesmo diz respeito aos comportamentos, o que é adequado ou inadequado em função da cultura da empresa? O que pode ou não ser feito? Treine, explique e compartilhe informações.

Agora, pense no seu estilo pessoal de liderar e se relacionar com as pessoas, o "seu jeito" é a sua marca pessoal e indica as suas preferências.

Lembre-se também de explicitar quais são as suas expectativas em relação às outras pessoas. Deixar claras as suas expectativas e os seus valores para as pessoas gera segurança e facilita os relacionamentos. É possível que, antes de você, o profissional que ocupava o seu cargo tivesse um estilo muito diferente do seu, e a "sua equipe" pode ter se acostumado com o jeito dele. Para que a sua equipe também possa se adaptar ao seu estilo, é preciso que ela conheça as suas expectativas e os seus valores. Evite conceitos subjetivos que dão margem a múltiplas interpretações; seja específico ao se comunicar. Por exemplo, se você espera que um colaborador ajude outro após concluir determinado projeto, evite dizer: "Eu espero que vocês sejam proativos" (isso pode ter inúmeros significados e o que parece óbvio para você, pode não ser para a outra pessoa). Prefira dizer: "Eu espero que aquele que terminar o projeto A antes da data prevista colabore com os colegas para finalizar o projeto B".

> Mude antes de ser
> obrigado a fazê-lo.
> *Jack Welch*[15]

---

[15] Jack Welch, *apud* Paulo Eduardo Laurenz Buchsbaum (pesquisa e seleção), *Frases geniais*, cit., p. 89.

Geração Z: nascidos entre 1990 e 1999

A geração Z atinge a maioridade na década de 2010 num período caracterizado por profundas incertezas e mudanças. Em seus anos de formação, assim como a geração Y, enfrentou o crescimento do terrorismo mundial e o aumento da diversidade social, por exemplo, étnica, religiosa e familiar. É considerada a geração "internet no bolso"; nascidos no mundo da internet, seus indivíduos cresceram com dispositivos móveis. Veja a seguir algumas características da geração Z:

Globalização: é a primeira geração verdadeiramente global, com cada vez mais oportunidades de cruzar fronteiras e trabalhar em outros países.

Diversidade humana: a geração Z será a força de trabalho mais diversificada da história e "valoriza a diferença, a singularidade e a personalização".[16]

Tecnologia: mudanças tecnológicas e o ritmo do avanço tecnológico sem precedentes. Várias coisas podem se tornar obsoletas a qualquer momento sem aviso prévio. A onipresença da internet *wireless* contribuiu para criar o hábito comum nessa geração de "viver olhando para o celular".

Quero reforçar que não há nada de errado com o uso consciente da tecnologia: ela pode contribuir de fato para aproximar pessoas e para a evolução da humanidade. O grande desafio que se estabelece é que seu uso inadequado pode nos levar a "estar ligados o tempo todo" e nos conduzir a um estado de ansiedade e estresse permanente. Na minha percepção, a consequência mais grave gerada pela sobrecarga de informações e pelas sucessivas interrup-

---

[16] Bruce Tulgan, *O que todo jovem talento precisa aprender: como desenvolver bons hábitos de trabalho, saber lidar com as pessoas, tomar decisões e resolver problemas* (Rio de Janeiro: Sextante, 2017. *E-book*), posição 255.

ções (seja por mensagens de texto, seja por redes sociais, e-mails ou qualquer outro estímulo tecnológico) é ficarmos cada vez mais distraídos. O estado de desatenção gera mais erros e, consequentemente, maior índice de retrabalho.

Hábito é o resultado da repetição de um comportamento, e uma queixa comum relatada por diversos gestores é o fato de que muitos profissionais da geração Z se distraem olhando várias vezes ao dia para o celular durante a jornada de trabalho (muitas vezes sem necessidade).

O que podemos fazer para melhorar a qualidade da nossa atenção

Aqui cabe uma autorreflexão: o comportamento descrito também pode ocorrer com qualquer pessoa de outra geração. Embora diversos estudos[17] demonstrem que estamos ficando cada vez mais distraídos, as coisas não precisam ser assim. Os treinamentos de *mindfulness* ou atenção plena contribuem para aumentar o nosso foco, nossa concentração e nossa atenção, bem como para reduzir o estresse. A maioria das vezes, preocupamo-nos muito com o futuro ou pensamos no passado, deixando para segundo plano o momento presente.

Em poucas palavras, atenção plena é estar em total consciência do momento presente, sem julgamentos. Na prática, isso significa dirigir a nossa atenção para o que fazemos ou percebemos neste exato momento por meio de nossa respiração, nosso paladar, nossos movimentos e pelo que vemos, escutamos, sentimos ou tocamos. Quando temos consciência de nosso estado físico, emocional e psicológico, entramos no modo "ser", que permite:

---

[17]   *Time Special Edition: the new mindfulness*, novembro de 2018.

LIDERANÇA É UMA QUESTÃO DE ATITUDE

ॐ Conectar-se com o momento presente. Ter consciência de nossos pensamentos e nossas emoções aumenta nosso poder de escolha, de modo que não somos mais controlados por eles.

ॐ Reconhecer e permitir que as coisas sejam como elas são.

ॐ Estar aberto para aceitar emoções agradáveis, desagradáveis ou neutras.

ॐ Decidir conscientemente como agir em diferentes situações.

Os treinamentos de atenção plena têm demonstrado resultados muito eficientes não só para líderes, mas também para qualquer pessoa, pois eles permitem identificar e mudar comportamentos indesejados e automatizados.

Muitos de nossos comportamentos são resultados de hábitos repetidos que se tornam automatizados. Quando fazemos algo no "piloto automático" não precisamos pensar conscientemente sobre o que estamos fazendo e, assim, podemos dirigir a nossa atenção para outra coisa. Esse mecanismo poupa energia e permitiu nossa evolução como seres humanos. Imagine se você precisasse pensar sobre cada movimento de seu corpo enquanto dirige ou caminha. Essas atividades envolvem centenas de músculos e pensar sobre cada um deles seria desgastante. Nossos padrões de pensamento e de comportamento também podem nos causar problemas. Certos hábitos podem estar superados, mas, devido à nossa natureza automática, não estamos cientes disso, o que impacta negativamente nossa vida.

Com relação à comunicação, o hábito de se comunicar por mensagem de texto em qualquer situação tem desgastado muitos relacionamentos. Não há nada de errado em usar mensagens de texto, o equívoco ocorre quando não refletimos se é a forma mais adequada de comunicação para determinado contexto. É necessário ter em mente que a linguagem escrita não acompanha as intenções e os gestos do interlocutor e muitas vezes pode agravar um conflito.

Uso consciente da tecnologia

O uso inadequado da tecnologia pode aumentar nossos níveis de estresse e ansiedade. Estudos[18] demonstram que os brasileiros desbloqueiam o celular, em média, 78 vezes ao dia. As mulheres são as que mais mexem no *smartphone*, apresentando uma média de 89 vezes contra 69 dos homens. O número é maior entre pessoas com idades de 18 a 24 anos, que verificam seus dispositivos 101 vezes ao dia, enquanto pessoas mais velhas, de 45 a 55 anos, checam o aparelho 50 vezes.

As pessoas nunca leram e escreveram tanto quanto nos dias de hoje, entretanto, o ato de ler e escrever frases curtas nos *smartphones* tem impactado negativamente o grau de atenção dos usuários. Mas usar de maneira consciente a tecnologia pode melhorar sua qualidade de vida. Para isso, pratique as seguintes estratégias de desintoxicação digital:

- Desligue o maior número possível de notificações de seu celular. Receber atualizações o tempo todo pode mantê-lo informado, mas também distraído.

- Faça suas refeições com o celular desligado e tire-o de seu campo de visão. Olhar para o dispositivo já pode desencadear a ansiedade de saber qual será a próxima mensagem a chegar.

- Opte por alguns períodos sem utilizar seu celular, por exemplo, ao fazer refeições ou participar de uma reunião.

---

[18]   Deloitte, *Global Mobile Consumer Survey, apud* Lucas Agrela, *Brasileiros consultam celular 78 vezes ao dia*, outubro de 2015, disponível em https://exame.abril.com.br/tecnologia/brasileiros-consultam-celular-78-vezes-ao-dia/, acesso em julho de 2019.

⁂ Não utilize celular no quarto. Muitas pessoas usam o celular como despertador, por exemplo, contudo, se você se distrair com ele, isso tende a reduzir momentos de intimidade com o seu parceiro(a).

⁂ Redescubra o papel: em vez de ler no seu *tablet* ou celular, lembre-se de que você tem a possibilidade de voltar a ler textos impressos em papel.

⁂ Ao usar o computador ou o celular, confira periodicamente como está a sua postura e respiração. Lembre-se de que ficar olhando muito tempo uma tela pequena pode tensionar os músculos do pescoço. Eleve o seu celular para evitar dores.

⁂ Se você digita com os polegares no celular, faça pausas para evitar fadiga muscular e utilize outros tipos de teclado para usar os demais dedos.

⁂ Passar muito tempo diante de telas pode causar tensão nos olhos, secura ocular, dores de cabeça e visão turva. Lembre-se de piscar e de praticar a regra dos 20-6-20: a cada vinte minutos que olhar para uma tela, mude o foco da sua visão e olhe para algo que esteja a aproximadamente seis metros de você por vinte segundos. Confira se você está piscando!

⁂ Mantenha o foco em uma tela. Pode ser tentador conferir mensagens ou checar outras janelas enquanto estamos digitando. Todavia, o cérebro precisa de vários minutos para se recalibrar com a tarefa original. Evite mudar de telas para melhorar sua concentração.

Bruce Tulgan, no livro *O que todo jovem talento deve aprender*,[19] destaca que os profissionais da geração Z são geralmente muito competentes no que se refere à tecnologia, mas propõe o melho-

---

[19]   Bruce Tulgan, *op. cit.*

ramento das seguintes habilidades: profissionalismo, pensamento crítico e capacidade de seguir uma liderança. Eu, por minha vez, sugiro algumas soluções para superar esses desafios.

Profissionalismo: este item engloba postura, apresentação pessoal, pontualidade e comunicação interpessoal. O autor sugere que, uma vez que a maioria dos indivíduos da geração Z costuma desenvolver relacionamentos interpessoais a distância por meio de redes sociais e aplicativos de mensagem, eles tendem a desenvolver pouco a comunicação cara a cara. Além disso, podem oferecer resistência a esse tipo de comunicação, pois inclinam-se a considerá-la uma questão particular, que não é da conta do empregador.

Possível solução: propor treinamentos de comunicação interpessoal.

Pensamento crítico: o costume de procurar respostas com o uso do celular, por exemplo, num vídeo explicativo, pode ser um bom começo para fazer uma pesquisa, mas isso nem sempre é suficiente quando é necessário fazer uma análise mais aprofundada de determinado assunto.

Possíveis soluções: consultar especialistas para obter diferentes pontos de vista sobre o mesmo assunto, buscar um maior aprofundamento do tema e esclarecer aparentes incoerências.

Capacidade de seguir uma liderança: vários fatores podem influenciar a incapacidade de seguir e respeitar um líder, entre eles o fato de que muitos jovens da geração Z não planejam fazer uma carreira profissional e acreditam que provavelmente só estão de passagem na empresa. "Portanto, se não vão ficar muito tempo, por que fazer esforço de se adaptar à sua forma de trabalhar? Eles pensam: 'É sério que eu tenho que adaptar meus horários, meu estilo e minha postura a cada emprego novo?'"[20]

---

[20] *Ibid.*, posição 502.

Possíveis soluções: investir em treinamentos de integração e esclarecer os direitos e deveres do profissional. Além disso, atribuir propósito e significado às tarefas, explicando os porquês de cada uma e qual o impacto que elas causam em outros setores.

Para concluir, qualquer que seja a pessoa ou a geração com a qual você irá se relacionar, é essencial que você se lembre de que não existe um estilo de liderança ideal e é preciso conhecer as características pessoais ou do grupo que você lidera para adotar o estilo adequado para aquele momento específico.

Conhecer as características e tendências de uma geração também permite que você possa ajustar o seu estilo de liderança para usar uma estratégia que funcione melhor com aquele grupo. Isso não significa em hipótese alguma abrir mão dos seus valores ou adotar uma "personalidade camaleão". Adaptar o seu estilo de liderança significa sobretudo conhecer as necessidades de uma pessoa ou de um grupo e ter flexibilidade para mudar de comportamento e lidar com a pessoa ou o grupo da melhor maneira possível.

Reflexões sobre a liderança e as tendências do mercado

Nós nunca fazemos nada bem
até deixarmos de pensar sobre
a maneira de fazê-lo.

William Hazlitt[1]

Competências da liderança

Como observa Edgard Schein, "a identificação das competências de liderança se tornou praticamente uma obsessão".[2] São criadas listas das habilidades que são consideradas essenciais a ser desenvolvidas, mas nem sempre damos a devida importância para o contexto em que elas serão colocadas em prática. O autor reflete que antes de promover mudanças, é preciso que o líder compreenda profundamente a cultura em que está inserido.

Talvez estejamos mais preocupados em identificar e desenvolver competências do que colocá-las em prática de forma adequada,

---

[1] William Hazlitt, *apud* Paulo Eduardo Laurenz Buchsbaum (pesquisa e seleção), *Frases geniais*, cit., p. 84.

[2] Edgard Schein, "Leadership Competencies: a Provocative New Look", em Frances Hesselbein & Marshall Goldsmith (orgs.), *The Leader of the Future 2: Visions, Strategies, and Practices for the New Era*, cit., p. 255.

ou seja, fazendo as adaptações necessárias para determinado contexto. O desenvolvimento de qualquer habilidade como, por exemplo, "escutar", "trabalhar em equipe", "ter empatia", só faz sentido se for adaptado para a cultura em que estamos inseridos.

Acredito que não é eficiente desenvolvermos uma competência sem refletirmos como ela será praticada em determinado contexto. No que se refere à gestão de pessoas, muitos gerentes falham porque se esquecem de levar em conta a cultura da organização e as diferenças individuais dos membros do grupo. O que pode ser adequado para determinada organização ou pessoa pode não ser para outra.

Pense agora em uma situação da sua vida pessoal. Suponha que você tenha dois filhos e para educá-los você assume um papel de liderança (influência), além da habilidade de comunicação que você desenvolveu para melhorar seu relacionamento com eles. Isso não significa que a forma como você se comunica com cada um deles será *necessariamente* a mesma. Toda habilidade pode ser utilizada de diversas maneiras em diferentes contextos e com diferentes pessoas; para fazer as adaptações necessárias, é preciso conhecer a cultura das pessoas e das organizações.

Motivação

> Muito do que chamamos de gerenciamento consiste em dificultar que as pessoas façam seu trabalho.
>
> *Peter Drucker*[3]

Como cada pessoa se motiva em função de um estímulo diferente, a melhor maneira para motivar uma pessoa é oferecer o

---

[3] Peter Drucker, *apud* Paulo Eduardo Laurenz Buchsbaum (pesquisa e seleção), *Frases geniais*, cit., p. 411.

que ela valoriza. Para evitar falsas suposições, pergunte o que é importante para ela sentir-se motivada no trabalho.

Diversos fatores podem motivar as pessoas, por exemplo:

- o trabalho em si – quando a pessoa percebe que seu trabalho é interessante;

- autonomia para tomar decisões;

- ter suas realizações reconhecidas;

- receber treinamento e ter oportunidades de desenvolvimento;

- sentir-se respeitada.

Estamos acostumados com o método de descobrir o que cada pessoa valoriza e, com isso, motivá-la e despertar o que há de melhor nela. Srikumar Rao, um especialista em criatividade, propõe uma nova abordagem sobre como a liderança pode gerar motivação nos colaboradores. Em vez de descobrir o que motiva a equipe, o autor propõe identificar e eliminar os fatores que desmotivam e obstruem o trabalho.

Segundo ele, "a função do líder *não é* motivar seus colaboradores. A função do líder é identificar e eliminar o que está desmotivando os colaboradores".[4] Srikumar Rao chama a atenção para a importância de o líder avaliar constantemente se existe alguma norma ou procedimento que dificulte o trabalho ou que desmotive as pessoas, e eliminar esses obstáculos o mais rápido possível. Em tempos de mudanças rápidas, algumas estruturas de gestão e determinados procedimentos, que foram úteis no passado, podem facilmente se tornar obstáculos no presente. Isso sem falar da burocracia que pode esgotar a energia e a criatividade de qualquer um.[5]

---

[4] Srikumar S. Rao, "Tomorrow's Leader", em Frances Hesselbein & Marshall Goldsmith (orgs.), *The Leader of the future 2: Visions, Strategies, and Practices for the New Era*, cit., p. 179.

[5] Essas questões serão abordadas mais a fundo no capítulo "A arte do engajamento".

> Burocracia: um método para
> transformar energia em lixo.
> *Peter Drucker*[6]

Para abordar a questão da motivação de forma abrangente, identifique os seguintes fatores nas pessoas perguntando-se:

O QUE ESSA PESSOA VALORIZA? | É POSSÍVEL OFERECER O QUE ELA VALORIZA PARA GERAR MOTIVAÇÃO? O QUE DESMOTIVA ESSA PESSOA? | É POSSÍVEL ELIMINAR OS FATORES (NORMAS, PROCEDIMENTOS, BUROCRACIA E OUTROS OBSTÁCULOS) QUE A DESMOTIVAM?

Treinamento e desenvolvimento

> Diga-me e eu esquecerei.
> Mostre-me e eu lembrarei.
> Envolva-me e eu aprenderei.
> *Provérbio indígena norte-americano*[7]

Como vimos anteriormente, treinamento e desenvolvimento são importantes instrumentos de motivação. Além disso, também são aspectos essenciais para a melhoria da *performance* e para a adaptação às mudanças. Quando desenvolvemos qualquer habilidade que nos permite lidar com mais eficiência com uma situação ou com mudanças fortalecemos nossa autoconfiança e a nossa autoestima.

---

[6] Peter Drucker, *apud* Paulo Eduardo Laurenz Buchsbaum (pesquisa e seleção), *Frases geniais*, cit., p. 411.

[7] Provérbio indígena norte-americano, *apud* Paulo Eduardo Laurenz Buchsbaum (pesquisa e seleção), *Frases geniais*, cit., p. 168.

Embora importantes, é preciso ter em mente que os treinamentos não são alternativa para lidar com *todos* os tipos de problema. Como reflete David Pardey,

> Se alguém está cometendo erros no trabalho, chegando tarde ou não está se dedicando, sua primeira tarefa é descobrir por que isso está acontecendo. Isso acontece porque essa pessoa não é competente, é falta de compromisso ou ela está com problemas familiares? Os treinamentos resolvem somente problemas relacionados a conhecimentos e habilidades e não resolvem problemas como uma atitude medíocre ou divórcio na família. Muitos gestores evitam lidar com esses assuntos e transferem a responsabilidade para a equipe de treinamento; os líderes lidam com o problema real.[8]

Em outras palavras, obstáculos como rupturas ou doenças familiares, alcoolismo, depressão, etc. afetam diretamente o desempenho no trabalho e os treinamentos têm pouca ou quase nenhuma influência sobre esse quadro. Mais eficiente nesse tipo de situação, é ter uma conversa aberta sobre esses problemas e, quando necessário, buscar auxílio externo para resolver os impasses.

> Pequenos problemas são difíceis de serem vistos, mas fáceis de consertar. No entanto, quando você deixa que esses problemas se avolumem, eles são fáceis de ver e difíceis de consertar.
>
> *Nicolau Maquiavel*[9]

---

[8] David Pardey, *Introducing Leadership* (Oxford: Elsevier, 2007), pp. 128-129.
[9] Nicolau Maquiavel, *apud* Sivasailam Thiagi Thiagarajan & Glenn Parker, *Trabalhando em equipe, jogando em equipe: jogos e atividades para construção e treinamento de equipes* (São Paulo: Qualitymark, 2003), p. 173.

Não estou sugerindo que o líder seja *necessariamente* a pessoa indicada para conduzir a conversa, pois, dependendo do caso, talvez seja necessário encaminhar a pessoa a um especialista. O que estou querendo dizer é que o fato de muitos gestores ignorarem os problemas da sua equipe ou fazerem "vista grossa" para o que está acontecendo, não fará com que o problema desapareça. Em geral, o problema aumenta e gera mais desgaste para ser resolvido. Se o líder deseja conhecer de fato o que se passa com sua equipe, ele deve estar disposto a receber e procurar qualquer informação (seja ela positiva ou negativa), que diga respeito aos seus objetivos e projetos, incluindo os fatos relevantes que dizem respeito às pessoas que trabalham com ele.

Um dos objetivos do treinamento é agregar valor para contribuir com o desenvolvimento e a melhoria do desempenho dos participantes. Infelizmente, nem sempre os "treinandos" têm essa percepção. Para tornar o treinamento eficiente, é necessário que esse trabalho seja contextualizado em uma perspectiva maior. Isso significa explicar ao "treinando" por que ele será inserido em um determinado grupo, como o treinamento está alinhado com a estratégia da empresa e quais são as expectativas dos participantes e da equipe de treinamento.

Parece simples não é? Entretanto, na prática, é muito comum encontrarmos "treinandos" que não têm a menor ideia do que estão fazendo na sala de treinamento e ainda se sentem "satisfeitos" por estarem "fora do ambiente de trabalho" por um ou dois dias. Uma das formas de mudar esse conceito é planejar cuidadosamente o treinamento e tornar claro para os "treinandos" que a empresa valoriza a capacitação e o desenvolvimento de seu pessoal.

Os limites da influência da liderança

> O trabalho da liderança não é dar
> energia, mas liberá-la dos outros.
> *Francis Hesselbein*[10]

Se você já ocupou ou ocupará uma posição de liderança, imagino que já tenha sentido ou vá sentir a pressão para obter resultados em algum momento da sua vida profissional. Na prática, acredito que essa pressão contribua para aumentar seu estresse e pode influenciar negativamente seu desempenho. Diversos autores especialistas na área reconhecem que existe um conjunto de fatores além da liderança que interfere no alcance de determinado resultado.

Pense em uma situação na qual você desejou influenciar positivamente o comportamento de uma determinada pessoa. Para que ela mudasse, você investiu seu tempo, deu explicações, ofereceu treinamento e, apesar de todos os seus esforços, ela não mudou. Avalie duas possibilidades: talvez você não tenha usado a estratégia correta para influenciá-la ou, talvez, essa pessoa também *não quisesse* mudar de comportamento.

Como reflete Stephen Robbins, nem sempre o que os líderes fazem exerce impacto sobre seus seguidores. Para esse autor,

> É um pensamento excessivamente simplista considerar que os colaboradores alcançam objetivos exclusivamente em função das ações de seu líder. Por esse motivo, é importante reconhecer explicitamente que a liderança é mais uma variável que influencia a *performance* do colaborador.[11]

---

[10] Francis Hesselbein, *apud* Paulo Eduardo Laurenz Buchsbaum (pesquisa e seleção), *Frases geniais*, cit., p. 421.

[11] Stephen P. Robbins, *The Truth about Managing People...and Nothing but the Truth* (Nova Jersey: Prentice Hall, 2003), p. 103.

LIDERANÇA É UMA QUESTÃO DE ATITUDE

Robbins também aponta que muito do sucesso ou do fracasso de uma empresa, em alguns casos, depende de fatores que fogem do alcance da influência da liderança:

> Quando a demanda por microchips crescia 60% ou mais ao ano, os líderes das empresas fabricantes, tais como Motorola e Intel, eram considerados gênios. Da mesma forma, os presidentes de empresas fabricantes de computadores, como Compaq e Gateway, foram glorificados nos anos 1990, quando a demanda por computadores pessoais estava explodindo. Mas, no final do ano 2000 e início de 2001, esses mesmos líderes foram amplamente criticados pelo declínio dos negócios de suas empresas. E muitos presidentes foram demitidos à medida que os lucros afundavam. A pergunta-chave a respeito da liderança nesse caso seria: durante uma recessão, quando consumidores e empresas estão reduzindo drasticamente a compra de produtos relacionados à tecnologia, como o fato de demitir o presidente pode aumentar a demanda por microchips e computadores pessoais? A resposta, claro, é: não pode.[12]

Na situação descrita anteriormente, as empresas poderiam ter mudado de estratégia para lidar com as mudanças do mercado. No entanto, mesmo que um presidente tivesse desejado realizar essa mudança estratégica, a decisão não dependeria *exclusivamente* dele. É um raciocínio muito simplista acreditar que o único fator que determina o resultado final de uma empresa são as decisões da liderança, quando diversos outros fatores (de que nem sempre temos conhecimento) estão envolvidos no processo. Eu chamo a atenção para o fato de que temos a tendência de res-

---

[12] *Ibid.*, p. 102.

ponsabilizar uma única pessoa ou um único grupo por determinado resultado, quando a realidade é muito mais complexa.

No que se refere à gestão de pessoas, isso não significa que você não deva fazer a sua parte. Meu objetivo é fazer com que você reflita sobre a possibilidade de se livrar de parte da pressão psicológica que envolve liderar pessoas em busca de determinado resultado. Fique com a consciência tranquila por ter feito o que estava ao seu alcance para promover uma mudança. Também não "se cobre" por não ter acertado a estratégia de gestão adequada para uma pessoa. Boa parte da gestão de pessoas envolve o método de tentativa-e-erro. "E mesmo os gestores muito experientes, que tentam descobrir que tipo de estratégia é mais eficiente com diferentes pessoas, nem sempre acertam na primeira tentativa."[13]

Tendências

> Se não podemos encerrar nossas diferenças, pelo menos podemos ajudar a tornar o mundo seguro para a diversidade.
>
> *John Kennedy*[14]

GESTÃO DA DIVERSIDADE

É cada vez mais comum a formação de equipes heterogêneas. Uma única equipe pode ser formada por pessoas de diferentes gerações, etnias, culturas, habilidades físicas, orientações sexuais

---

[13] Carolyn A. Martin & Bruce Tulgan, *Managing the Generation Mix: from Urgency to Opportunity*, cit., p. 206.

[14] John Kennedy, *apud* Paulo Eduardo Laurenz Buchsbaum (pesquisa e seleção), *Frases geniais*, cit., p. 207.

e religiosas. Não reconhecer e não respeitar essas diferenças pode desencadear sérios conflitos. Uma forma de reduzir esse tipo de tensão é buscar o consenso sobre alguns assuntos. Na prática, significa:

ஐ Se algum tipo de comportamento ou linguagem for ofensivo para uma pessoa, explique para o grupo o que é aceitável e o que não é.

ஐ Ofereça para diferentes pessoas as mesmas oportunidades e condições de trabalho. Suponha que um colaborador na sua equipe seja portador de uma necessidade especial – ele usa cadeira de rodas, por exemplo – você pode, nesse caso, verificar se ele tem as condições adequadas de trabalho como, por exemplo, uma mesa adaptada para as necessidades dele.

ஐ Não parta do princípio de que você conhece o que cada pessoa da sua equipe valoriza ou de que sabe o estilo de trabalho de cada uma. Elimine suas suposições e pergunte diretamente para elas quais são suas preferências. Carolyn Martin e Bruce Tulgan propõem o seguinte questionário para se fazer um levantamento sobre os estilos de trabalho de cada um:

Questionário: Ajude-me a dar um *feedback* melhor[15]
Instruções: Por favor responda às seguintes questões completa e honestamente. Todos os membros da equipe receberam este questionário e irão relatar os resultados para toda a equipe.
1. De forma geral, você sente que precisa receber mais ou menos *feedback* do que tenho feito atualmente? Existem algumas tarefas, responsabilidades ou projetos para os quais você precisa receber mais *feedback* do que eu tenho feito habitualmente?

---

[15] Carolyn A. Martin & Bruce Tulgan, *Managing the Generation Mix: from Urgency to Opportunity*, cit., p. 207.

2. De maneira geral, como você prefere receber *feedback*? Por escrito? Pessoalmente? Por meio de recados gravados? Por *e-mail*? Existem algumas tarefas, responsabilidades ou projetos para os quais você tem preferências diferentes?

3. Qual é o período do dia em que você está mais ocupado? E menos ocupado? Qual é, em geral, o melhor horário para que eu possa dar a você um *feedback*? Existem algumas tarefas, responsabilidades ou projetos para os quais você tem preferências diferentes?

4. Depois de dado o *feedback*, você tem clareza a respeito dos objetivos ou dos próximos passos a serem tomados? Em caso negativo, como posso ajudá-lo a esclarecê-los?

5. Faço críticas e elogios na mesma quantidade? Exagero na quantidade de críticas ou elogios? Em caso positivo, quando isso ocorre?

6. Estou dando *feedback* de forma adequada? Faço falsas suposições ou baseio-me em informações incorretas? Em caso afirmativo, como posso checar esses fatos para que isso não volte a acontecer?

7. Depois do *feedback* faço um acompanhamento para me assegurar de que você está no caminho certo ou que você está progredindo? Em caso contrário, qual é o momento mais adequado para que eu possa acompanhar sua evolução?

Customização de benefícios e incentivos

Equipes heterogêneas também requerem mais opções de benefícios e incentivos. As necessidades das pessoas variam de acordo com diferentes estágios da vida e é pouco provável que oferecer um único benefício ou incentivo possa agradar a todos. Na medida do possível, ofereça diversas opções para diferentes aspectos nas relações de trabalho como, por exemplo:

- ❧ aprendizagem e desenvolvimento de carreira: que tipo de treinamentos podem ser oferecidos para diferentes grupos?

- ❧ flexibilidade de horário: quando é possível oferecer flexibilidade de horário em determinadas situações? Exemplos: para aqueles que usam um transporte específico (ônibus fretado), que estão prestes a se aposentar ou para as mães de recém-nascidos que estão em fase de amamentação;

- ❧ flexibilidade para mudar o local de trabalho ou a forma como (ou o local onde) ele será realizado: isso significa a possibilidade de fazer o trabalho em casa, sobretudo quando existe muita perda de tempo no deslocamento de casa para o trabalho; mudança de local de trabalho, seja simplesmente uma mudança de sala, seja para uma filial em outro estado ou bairro; mudança da decoração do ambiente.

Pessoas mais jovens gerenciando pessoas mais velhas

Experiência não é o que acontece com você; é o que você faz com o que aconteceu.

Aldous Huxley[16]

Essa tendência está ocorrendo cada vez com mais frequência no ambiente de trabalho e desafia um padrão de pensamento muito comum, que associa cargos de liderança a profissionais mais velhos ou experientes do que a equipe que está sendo gerenciada.

---

[16] Aldous Huxley, *apud* Roberto Duailibi, *Duailibi das citações*, cit., p. 634.

Ela tem criado oportunidades para que profissionais de 20 ou 30 anos possam gerenciar pessoas de 40, 50 ou 60 anos. É essencial lembrar que mais idade ou mais experiência não significam *necessariamente* mais competência.

Assumir um cargo de liderança com objetivo de gerenciar pessoas mais velhas e experientes do que você pode ser inquietante para ambos; apesar disso, tanto os mais velhos quanto os mais jovens podem contribuir para melhorar o relacionamento. A seguir, cito algumas estratégias que permitem maior colaboração entre diferentes gerações.

Se você for um líder jovem que gerencia uma equipe mais velha é absolutamente normal que você se sinta desconfortável, e a sua equipe também. Não permita que esse desconforto se transforme em arrogância. Trate todas as pessoas com respeito. Reconheça que algumas pessoas não se sentirão confortáveis por ter um líder mais jovem. Se surgirem alguns conflitos e você julgar conveniente conversar com sua equipe a respeito dessas tensões, vá em frente.

Esse pode ser um ótimo momento para resolver conflitos e falar abertamente sobre o assunto. Não estou sugerindo que essa conversa seja uma ocasião para queixas sobre as diferenças, mas pode ser um ótimo momento para estabelecer acordos a respeito da forma com que todos desejam ser tratados. Como descrevem Martin e Tulgan, "a última coisa que alguém quer ouvir o tempo todo é como ele ou ela faz com que você se lembre de seu pai ou da sua mãe, ou do seu filho ou da sua filha".[17]

Qualquer que seja sua idade, você aumenta as chances de quebrar as resistências da sua equipe se demonstrar profissionalismo

---

[17] Carolyn A. Martin & Bruce Tulgan, *Managing the Generation Mix: from Urgency to Opportunity*, cit., p. 204.

e credibilidade. Isso significa, na prática, fazer o que estiver ao seu alcance para o crescimento da empresa e da equipe.

Como já escrevi anteriormente, lembre-se de fazer um levantamento a respeito das formas com que sua equipe prefere receber *feedback*. Além disso, aproveite essa oportunidade para você também dizer como prefere trabalhar com ela.

Criando uma cultura para o desenvolvimento de novos líderes

> A função da liderança é produzir mais líderes, não mais seguidores.
> *Ralph Nader*[18]

Se você está sobrecarregado de trabalho e é responsável por um número excessivo de pessoas, uma forma de aliviar essa pressão é começar a desenvolver habilidades de liderança em alguns indivíduos da organização para que eles possam estar preparados para assumir novos desafios.

O fato de você reconhecer a importância de se desenvolver as habilidades de liderança em outros profissionais não significa que você irá assumir *todo* esse trabalho ou *toda* essa responsabilidade sozinho. Como lembram Martin e Tulgan,

> Não é possível que você faça todo o trabalho necessário para criar ótimos gestores, nem é justo jogar toda essa responsabilidade nas suas costas. De fato, isso envolve uma série de profissionais para fazer esse trabalho bem feito.[19]

---

[18] Ralph Nader, *apud* Paulo Eduardo Laurenz Buchsbaum (pesquisa e seleção), *Frases geniais*, cit., p. 422.

[19] Carolyn A. Martin & Bruce Tulgan, *Managing the Generation Mix: from Urgency to Opportunity*, cit., p. 192.

REFLEXÕES SOBRE A LIDERANÇA E AS TENDÊNCIAS DO MERCADO

Uma forma de desenvolver habilidades de liderança é agir como *coach*. Esse estilo supõe que o líder assuma o papel do treinador que visa ao desenvolvimento do colaborador.

O líder irá proporcionar situações de aprendizado para o desenvolvimento de habilidades técnicas ou pessoais, como, por exemplo, resolver conflitos, trabalhar em equipe, conduzir reuniões produtivas, dar *feedback*, promover o relacionamento interpessoal, etc.

Para assumir o papel da liderança *coaching*, em linhas gerais, você precisa estar preparado para:

- estabelecer uma relação de confiança mútua com seu colaborador, na qual ele possa falar abertamente sobre suas dificuldades e admitir seus erros;
- respeitar a liberdade de opinião e a confidencialidade do colaborador;
- ajudá-lo a identificar a habilidade que ele deseja desenvolver;
- ajudá-lo a articular um objetivo específico: o que ele vai fazer, quando, onde e como;
- dar *feedback* com frequência para acompanhar o desenvolvimento do colaborador e avaliar se suas ações estão alinhadas com os objetivos;
- ter disposição para compartilhar informações.

Criar um clima propício para o desenvolvimento da liderança *coaching* pode parecer simples, entretanto, só o fato de você criar um ambiente seguro para que as pessoas possam exprimir suas dificuldades já é um desafio. Nesse caso, o gestor que adotar o estilo de liderança *coaching* deixa de ter um relacionamento "distante" dos colaboradores e passa a ter uma postura mais próxima da equipe, visando o seu desenvolvimento e amadurecimento profissional. O candidato ideal para o *coaching* é a pessoa que está disposta a ser treinada e assume o compromisso e a responsabilidade de desenvolver uma habilidade e expandir seu potencial.

Partindo do princípio de que você tem as habilidades necessárias para adotar o estilo de liderança *coaching*, você não deve dar andamento ao processo se por algum motivo não se relacionar bem com o colaborador ou não estabelecer empatia com ele. Você também deve levar em conta outras restrições como, por exemplo, a falta de tempo ou ter outras prioridades no momento. Nesse caso, você pode contratar um *coach* profissional, que estará "imune" ao que acontece dentro da empresa e contribuirá da mesma forma para o desenvolvimento de habilidades que poderão expandir o potencial da pessoa envolvida no processo.

A arte do engajamento

Escolha um trabalho que você ame
e você nunca terá que trabalhar um
único dia em sua vida.

Confúcio[1]

O engajamento do colaborador no trabalho pode ser definido como "o compromisso emocional que ele tem com a organização e seus objetivos".[2] Os fatores que promovem o engajamento no trabalho não só contribuem para que as pessoas ingressem numa empresa, como também influenciam positivamente a retenção de mão de obra.

Os resultados das pesquisas mais recentes, principalmente da área de psicologia e de institutos especializados como Gallup e IDG (International Data Group), demostram que é possível aumentar o engajamento da mão de obra e influenciar o grau de comprometimento dos colaboradores por meio de algumas estratégias. As empresas e lideranças começaram a se preocupar cada vez mais com o grau de engajamento dos colaboradores pois essas

---

[1]   Confúcio, *apud* Kevin Kruse, *Employee Engagement for Everyone: 4 Keys to Happiness and Fulfillment at Work* (The Center for Wholehearted Leadership, 2013), p.12.

[2]   Kevin Kruse, cit., p. 5.

mesmas pesquisas indicam que este fator tem impacto na *performance* dos mesmos, gerando desde a melhora na qualidade dos serviços oferecidos e na satisfação do cliente, até uma maior produtividade e lucratividade para as organizações. O objetivo deste capítulo é apresentar algumas estratégias simples e eficientes que podem contribuir para aumentar o grau de engajamento.

Conhecer quais são as prioridades

Quando se navega sem destino,
nenhum vento é favorável.

Sêneca[3]

É pouco provável que uma pessoa consiga de fato se engajar em uma estratégia se ela não souber diferenciar o que é prioritário do que é importante. Quando estamos sobrecarregados de trabalho e temos a impressão de que estamos "apagando incêndios o tempo todo", em vez de direcionarmos a nossa energia para concluir uma atividade, tendemos a perder o foco.

Pergunta para criar um plano de ação:

A liderança sabe transmitir com clareza para os colaboradores quais são as estratégias prioritárias neste momento?

Simplificar estratégias

A simplicidade é o último grau de
sofisticação.

Leonardo da Vinci[4]

---

[3] Fonte: http://pensador.uol.com.br/autor/seneca/4/.
[4] Fonte: http://pensador.uol.com.br/autor/leonardo_da_vinci/2/.

A maior parte das pessoas passa o dia "apagando incêndios" e tentando descobrir como sobreviver em vez de investir esse precioso tempo contribuindo para alcançar um determinado resultado. Essa "falta de fôlego" também pode ser resultado do uso de estratégias com excesso de burocracia sem sentido. Quando os líderes dizem aos colaboradores que *tudo* é importante, a equipe tende a ficar perdida e nem sempre consegue identificar o que importa de fato. Apesar da simplicidade não ser fácil de ser alcançada, ela é essencial para promover engajamento. O excesso de burocracia muitas vezes é percebido como uma forma de transformar energia em desmotivação.

Pergunta para criar um plano de ação:

Quais processos podem ser simplificados na empresa?

Eliminar estratégias desnecessárias

> Decidir o que não fazer é tão importante quanto decidir o que fazer.
>
> *Steve Jobs[5]*

Alguns autores definem as estratégias ineficientes – ou seja, todos os processos que "emperram" ou dificultam o trabalho dos colaboradores nas empresas – como "gordura organizacional". Haudan define o "colesterol empresarial" como as antigas estratégias que bloqueiam a implementação das novas atividades. Para o autor,

---

[5]   Walter Isaacson, *Steve Jobs: as verdadeiras lições de liderança* (1ª ed., São Paulo: Portfolio, 2014), p.10.

LIDERANÇA É UMA QUESTÃO DE ATITUDE

enquanto as pessoas não tiverem liberdade para identificar ações ou atividades que sejam duplicadas, redundantes ou que não agregam mais valor, ou que impedem que o trabalho seja feito de forma eficiente, nunca haverá nenhum alívio![6]

Vale lembrar que algumas tarefas só poderão ser extintas com a autorização dos líderes.

Quando realizamos uma tarefa em que não enxergamos o sentido, ou cujo significado não entendemos, é pouco provável que iremos nos engajar. Ao eliminar estratégias desnecessárias já é possível aliviar um grande peso dos colaboradores e contribuir para mantê-los com foco no que é realmente importante. Observe um exemplo clássico: Você já participou de uma reunião em que sentiu que estava perdendo tempo? Como ficou o seu nível de atenção durante essa reunião? Provavelmente você estava pouco atento naquele momento.

Kim Cameron também faz uma reflexão sobre os processos ineficientes. Para o autor,

as ineficiências e a falta de controle nas organizações, geralmente chamados de "gordura organizacional", frequentemente permanecem sem monitoramento, sem indicadores, e às vezes nem são identificados. Essas ineficiências aumentam o custo, geram desperdício e promovem desorganização.[7]

O autor lista os seguintes exemplos de "gorduras" (ineficiências):[8]

---

[6] Jim Haudan, *The Art of Engagement: Bridging the Gap Between People and Possibilities* (New York: McGraw-Hill, 2008), p. 34.

[7] Kim Cameron, *Practicing Positive Leadership: Tools and Techniques that Create Extraordinary Results* (BK Berrett-Koehler Publishers, San Francisco, 2013), p.145.

[8] Adaptado de *Practicing Positive Leadership*, cit., pp.145-146.

- Informações: excesso de programas, dados difíceis de se ter acesso.

- Ideias: sugestões que nunca são implementadas, discussões excessivas.

- Procedimentos: excesso de auditorias, documentações, permissões, reuniões e papéis.

- Treinamentos: irrelevantes, sem acompanhamento ou ineficientes.

- Supervisão: muitos gestores, excesso de centralização.

- Uso do tempo: repetição, redundância, falta de respostas, prazos perdidos.

- Novos lançamentos: iniciativas empreendedoras que são lançadas, mas não são sustentáveis.

- Liderança: sem visão, drenam a energia dos colaboradores.

Pergunta para criar um plano de ação:

Quais ineficiências ou processos podem ser eliminados na empresa?

Ter a sensação de que as nossas contribuições fazem diferença

Dou valor às coisas não por aquilo que valem, mas por aquilo que significam.

Gabriel García Marquez[9]

---

[9] Fonte: http://pensador.uol.com.br/autor/gabriel_garcia_marques/.

Quando somos capazes de encontrar um propósito e um significado para o trabalho que realizamos, automaticamente nos engajamos. Em outras palavras, um aspecto essencial do engajamento é o conhecimento do impacto positivo que o nosso trabalho exerce para os usuários dos nossos produtos ou serviços. A metáfora dos "três pedreiros", descrita a seguir, ilustra a importância de encontrarmos um propósito e um significado nas nossas ações para nos engajarmos:[10]

> Certo dia, um homem passava pela frente de um grande canteiro de obras e ficou curioso para saber o que seria construído ali. Notou três pedreiros trabalhando e perguntou a cada um deles: "O que você está fazendo?"
> O primeiro pedreiro respondeu: "Estou colocando um tijolo em cima do outro. Isso não é óbvio? ".
> O segundo pedreiro respondeu: "Estou levantando uma parede".
> O terceiro pedreiro respondeu com orgulho: "Estou construindo uma catedral que vai durar séculos e vai inspirar as pessoas a realizar grandes feitos".

Explicando de outra maneira, tendemos a nos engajar quando somos capazes de compreender a relação entre o nosso trabalho e a repercussão que ele terá na vida de outras pessoas. Jim Haudan,[11] um especialista em engajamento, explica como este conceito é praticado pelas empresas Disney. O Magic Kingdom, um dos parques de diversão temáticos da Disney, realiza um desfile com música, carros alegóricos e muitos personagens clássicos ao ar livre. Neste desfile, alguns líderes sêniores se fantasiam de Pato Donald ou de Capitão Gancho. Sempre que novos executivos se unem

---

[10] Adaptado de Jim Haudan, *The Art of Engagement: Bridging the Gap Between People and Possibilities*, cit., p. 9.

[11] Adaptado de Jim Haudan, cit, p. 24.

ao *staff* no Magic Kingdom, é solicitado que eles participem do desfile. A razão dessa estratégia é criar uma oportunidade para estes executivos verem em primeira mão o resultado do trabalho deles refletido nos olhos das crianças. O autor conclui: "Pessoas engajadas sentem que qualquer coisa que estiverem fazendo está inquestionavelmente vinculada a fazer a diferença na vida das pessoas". [12]

Pergunta para criar um plano de ação:

Como você pode mostrar, para si mesmo e para os colaboradores, que seus trabalhos têm impacto positivo e fazem a diferença na vida das pessoas que utilizam os produtos ou os serviços prestados?

Ter a sensação de pertencimento

Não há piores surdos do que aqueles que não querem ouvir.

Molière[13]

Nós tendemos a nos engajar quando temos a real percepção de que pertencemos e somos aceitos por um grupo ou uma organização. Na prática, isso significa ser ouvido pelos colegas e pela liderança. O oposto dessa sensação corresponde à seguinte declaração: "Aqui não adianta falar nada, o que eu falo não faz a menor diferença, pois as pessoas não escutam". Ao observarmos que as nossas opiniões são ignoradas, tendemos a cair na indiferença.

---

[12]   *Ibidem*, p. 24.
[13]   Paulo Eduardo Laurenz Buchsbaum (pesquisa e seleção), *Frases geniais*, cit., p. 150.

Perguntas para criar um plano de ação:

Como você pode contribuir para gerar mais integração entre os colaboradores?

Como você pode criar mais oportunidades para ouvir as opiniões dos colaboradores?

Existe alguém ou algum grupo que se sente excluído? O que você pode fazer a respeito disso?

Ter a sensação de que estamos nos desenvolvendo

O treinamento transforma as boas intenções em bons resultados.

Rafael Martins[14]

Quando reconhecemos que estamos nos desenvolvendo, ou que estamos aprendendo coisas novas e consideramos o nosso trabalho interessante e desafiador, ficamos mais engajados.

No que diz respeito ao treinamento, as pessoas tendem a ficar inseguras ao praticar uma nova habilidade, sobretudo quando um colaborador assume uma nova posição ou deve realizar uma tarefa à qual não está habituado. A última coisa que ele deseja é falhar.

É preciso ficar muito atento à contradição que um novo desafio pode gerar para os colaboradores: por um lado, assumir novos desafios pode ser uma oportunidade de desenvolvimento, e com isso o colaborador pode se sentir mais engajado; por outro, se ele não estiver preparado e treinado para assumir esse novo desafio, isso por gerar muita frustração. Uma alternativa para essa situação é quando a liderança cria oportunidades para que a equipe treine antes de desempenhar uma nova habilidade.

---

[14] Fonte: http://pensador.uol.com.br/treinamento/.

Perguntas para criar um plano de ação:

Quais oportunidades de treinamento e desenvolvimento podem ser oferecidas para os colaboradores?

Eles têm a oportunidade de treinar antes de desempenharem uma nova habilidade?

Respeito, comunicação e confiança

> Mudança é o processo no qual o futuro invade nossas vidas.
>
> *Alvin Toffler[15]*

O estudo de processos de mudança que foram bem-sucedidos demonstra alguns indicadores de engajamento. Veja abaixo algumas razões pelas quais as pessoas apoiam ou recusam as mudanças:[16]

Por que a pessoas resistem às mudanças? Porque...

- acreditam que as mudanças são desnecessárias e vão tornar a situação pior do que está.
- não confiam nas pessoas que conduzem as mudanças.
- não gostam da forma como as mudanças estão sendo implementadas.
- não foram envolvidas no processo de mudança.
- acreditam que a mudança vai gerar algum tipo de perda.
- tiveram alguma experiência negativa com mudanças no passado.
- temem não ter as habilidades e competências para realizar seu trabalho de outra forma.

---

[15] Paulo Eduardo Laurenz Buchsbaum (pesquisa e seleção), *Frases geniais*, cit., p.197.

[16] Adaptado de *Managing Change Expert Solutions to Everyday Challenges* (Pocket Mentor, Harvard Business School Publishing, 2009), p. 47.

Por que as pessoas apoiam as mudanças? Porque...

- acreditam que as mudanças fazem sentido e têm significado.
- respeitam as pessoas que conduzem as mudanças.
- aguardam por novos desafios e oportunidades que irão surgir com as mudanças.
- foram envolvidas no planejamento e implementação do programa de mudanças.
- acreditam que as mudanças irão gerar algum benefício.
- estão empolgadas com a mudança.
- são reconhecidas pelas vitórias ao longo do processo.

Se analisarmos os fatores pelos quais as pessoas apoiam as mudanças (tais como acreditar que estamos nos dirigindo para um futuro melhor, nos comunicarmos de forma eficiente para levar em conta a contribuição de todos, confiar na liderança e nos sentirmos respeitados), identificaremos os mesmos elementos que compõem os pilares do engajamento.

Pergunta para criar um plano de ação:
Como você pode envolver pessoas positivamente em processos de mudança?

Energia relacional

Se a única oração que disser em toda a sua vida for "muito obrigado"; isso será o bastante.

Meister Eckhart[17]

---

[17] Fonte: http://pensador.uol.com.br/meister_eckhart/.

Embora a maior parte da literatura sobre o tema liderança considere a influência como um atributo-chave dos líderes, os estudos mais recentes conduzidos por Kim Cameron indicam que a energia relacional, resultante das interações pessoais positivas, pode exercer até quatro vezes mais impacto no desempenho do que a influência ou a informação.[18] Essas pesquisas identificaram que alguns profissionais são *energizadores positivos,* ou seja, que as pessoas têm mais energia depois de interagir com este profissional, e o procuram quando se sentem desmotivadas. Essas descobertas desafiam a forma com que estamos acostumados a definir características de liderança: um *energizador positivo* não necessariamente é extrovertido, carismático ou bom comunicador. A energia positiva está associada a alguns comportamentos que podem ser aprendidos e desenvolvidos. São eles:[19]

- Ajudar os outros a florescer.

- Ser confiável e íntegro.

- Se preocupar com o impacto que causa nos outros.

- Ser engajado e comprometido, e se preocupar sinceramente com os outros.

- Ser autêntico.

- Identificar oportunidades.

- Resolver problemas.

- Expressar gratidão e humildade.

Todos os comportamentos listados acima contribuem para gerar engajamento e, talvez o aspecto mais importante no que diz res-

---

[18] Kim Cameron, *Practicing Positive Leadership: Tools and Techniques that Create Extraordinary Results,* cit., p. 53.

[19] Adaptado de *Practicing Positive Leadership,* cit., pp. 56-57.

peito à liderança, estes *energizadores positivos* também são *exemplos* de engajamento para suas equipes.

Pergunta para criar um plano de ação:

Quais comportamentos você vai praticar no seu dia-a-dia para se tornar um *energizador positivo*?

Para onde quer que vá, vá de todo coração.

Confúcio[20]

Como conclusão, podemos dizer que ao nos conscientizarmos das estratégias que promovem o engajamento, temos mais chances de utilizá-las com sabedoria e com frequência, a fim de construir um ambiente que favorece o desenvolvimento e a comunicação, e fortalece os relacionamentos.

---

[20] Paulo Eduardo Laurenz Buchsbaum (pesquisa e seleção), *Frases geniais*, cit., p. 94.

Conclusão

Nada é tão contagioso como o
entusiasmo.

Edward Lytton[1]

Como você viu ao longo deste livro, a liderança não envolve segredos misteriosos nem é um dom concedido a alguns privilegiados. Ela é resultado de ações diárias de pessoas como você, que exercem influência sobre uma situação, seja no trabalho, na família, seja com os amigos. Não se preocupe com grandes realizações, o que importa é agir para fazer as coisas acontecerem.

Como qualquer outra habilidade, a liderança precisa ser praticada ao longo da vida, senão ela tende a "atrofiar". Cultive as atitudes que permitem a você construir a vida que deseja para si mesmo e contagie os outros com o seu entusiasmo. Acredito que nós somos o que cultivamos e temos total liberdade de escolha para mudar – sejam os nossos pensamentos, sejam as nossas ações – e alcançar os resultados que desejamos.

---

[1] Edward Lytton *apud* Paulo Eduardo Laurenz Buchsbaum (pesquisa e seleção), *Frases geniais*, cit., p. 95.

Reflita sobre tudo o que foi dito lendo a história de um índio nor-te-americano contada no livro *Criatividade e modelos mentais*:

> Certa vez, um índio norte-americano ancião descreveu seus conflitos internos da seguinte maneira: "Dentro de mim há dois cachorros. Um deles é cruel e mau. O outro é muito bom. Os dois estão sempre brigando". Quando lhe perguntaram que cachorro ganhava a briga, o ancião parou, refletiu e respondeu: "Aquele que eu alimento mais frequentemente".[2]

Esta história está repleta de significados. O que mais me chama a atenção é o fato de nos lembrar que a opção de escolher o caminho a seguir está em nossas mãos.

Assim como com qualquer outra habilidade, aprendemos a liderar (exercer influência) seguindo modelos. Às vezes encontraremos modelos inspiradores, outras vezes não. O importante é não nos deixar influenciar por um modelo que não nos é adequado e sobretudo não reproduzir um comportamento que não está alinhado com nossos valores, que não nos conduz para os resultados que desejamos alcançar e ainda por cima nos faz sofrer. Para isso, é preciso ficarmos alertas, pois, sem perceber, podemos nos deixar contagiar por emoções e comportamentos inadequados.

Relembro que um hábito nada mais é do que a repetição de uma ação. Suponha que você convive com um grupo de pessoas que tem o hábito de reclamar compulsivamente de tudo: do trabalho, do tempo, da família, do chefe, etc. Num primeiro momento você estranha esse comportamento, mas depois de um tempo você se acostuma. O que era esquisito para você passa a ser normal. Se você convive com essas pessoas e *não* deseja reproduzir esse com-

---

[2]   Rodolfo Rodrigues Pereira Filho *et al.*, *Criatividade e modelos mentais* (Rio de Janeiro: Qualitymark/Petrobras, 2005), p. 12.

CONCLUSÃO

portamento, é preciso ficar alerta para não ser "contagiado" por elas.

> Existem pessoas demais gastando tempo demais tentando aperfeiçoar alguma coisa antes de sequer fazê-la. Em vez de esperar pela perfeição, faça com o que tem à mão e conserte enquanto segue em frente.
>
> *Paul Arden[3]*

Fortalecemos a nossa autoconfiança quando acreditamos de fato que podemos exercer influência sobre o que se passa ao nosso redor. Não estou sugerindo que as suas ações sempre serão capazes de mudar uma determinada situação. Lembre-se de que mesmo que você não possa influenciar uma situação da forma que você deseja ainda assim você pode controlar a sua maneira de reagir a ela.

E se você procurou influenciar uma situação e não obteve os resultados que desejava? Na pior das hipóteses, você conquistará a paz e a tranquilidade de ter feito o que estava ao seu alcance para influenciá-la positivamente. Anime-se! Avaliar os resultados obtidos e reconhecer "o que não funcionou" permite que você mude de estratégia até encontrar uma que funcione melhor. Se você ficar aguardando o momento ideal para construir a vida que deseja para si mesmo talvez ele nunca chegue. O importante é dar o primeiro passo agora, e para isso é preciso ter atitude!

---

[3] Paul Arden, *Tudo o que você pensa, pense ao contrário* (Rio de Janeiro: Intrínseca, 2008), p. 53.

Referências

AGRELA, Lucas. "Brasileiros consultam celular 78 vezes ao dia". Em *Exame*, outubro de 2015. Disponível em https://exame.abril.com.br/tecnologia/brasileiros--consultam-celular-78-vezes-ao-dia/. Acesso em julho de 2019.

ARDEN, Paul. *It´s Not How Good You Are, It's How Good You Want to Be*. Londres: Phaidon Press, 2003.

_____. *Tudo o que você pensa, pense ao contrário*. Rio de Janeiro: Intrínseca, 2008.

BARELLI, Ettore & PENNACCHIETTI, Sergio. *Dicionário das citações*. São Paulo: Martins Fontes, 2001.

BARRETT, Jayme. *Feng Shui Your Life*. Nova York: Sterling, 2003.

BUCHSBAUM, Paulo Eduardo Laurenz (pesquisa e seleção). *Frases geniais*. Rio de Janeiro: Ediouro, 2004.

CAMERON, Kim. *Practicing Positive Leadership: Tools and Techniques that Create Extraordinary Results*. São Francisco: Berrett-Koehler Publishers, 2013.

CHANDLER, Steve & RICHARDSON, Scott. *Motivando para o sucesso: conquiste resultados incríveis sem levar sua equipe à loucura*. São Paulo: Verus, 2008.

CHARAM, Ram & WILLIGAN, Geri. *Know-how: as oito competências que separam os que fazem dos que não fazem*. Rio de Janeiro: Elsevier, 2007.

COVEY, Stephen R. *Princípios essenciais das pessoas altamente eficazes*. Rio de Janeiro: Sextante, 2004.

DI STÉFANO, Rhandy. *O líder-coach: líderes criando líderes*. São Paulo: Qualitymark, 2005.

DIVERSOS AUTORES. *Liderança: os melhores artigos da Harvard Business Review*. Rio de Janeiro: Elsevier, 2006.

DUAILIBI, Roberto. *Duailibi das citações*. 5ª ed. São Paulo: Arx, 2004.

GOLEMAN, Daniel *et al. The New Leaders: Transforming the Art of Leadership Into the Science of Results*. Londres: Sphere, 2007.

HARVARD BUSINESS SCHOOL PRESS. *Managing change: expert solutions to everyday challenges,* 2009.

HAUDAN, Jim. *The Art of Engagement: Bridging the Gap Between People and Possibilities.* New York: McGraw-Hill, 2008.

HESSELBEIN, Frances & GOLDSMITH, Marshall (orgs.). *The Leader of the Future 2: Visions, Strategies and Practices for the New Era.* São Francisco: Jossey-Bass, 2006.

HIRIGOYEN, Marie France. *Mal-estar no trabalho.* Rio de Janeiro: Bertand Brasil, 2002.

HOUAISS, Antônio & VILLAR, Mauro de Salles. *Dicionário Houaiss da língua portuguesa.* Rio de Janeiro: Objetiva, 2001.

ISAACSON, Walter. *Steve Jobs: as verdadeiras lições de liderança.* São Paulo: Portfolio, 2014.

KHALSA, Dharma Singh & STAUTH, Cameron. *Longevidade do cérebro.* Rio de Janeiro: Objetiva, 1997.

KHOURY, Karim. *Soltando as amarras: emagrecimento e mudança comportamental.* São Paulo: Editora Senac São Paulo, 1999.

_____. *Com a corda toda: autoestima e qualidade de vida.* São Paulo: Editora Senac São Paulo, 2003.

_____. *Vire a página: estratégias para resolver conflitos.* São Paulo: Editora Senac São Paulo, 2005.

KRUSE, Kevin. *Employee Engagement for Everyone: 4 keys to Happiness and Fulfillment at Work.* The center for Wholehearted Leadership, 2013.

LAGES, Andréa & O´CONNOR, Joseph. *Coaching com PNL. O guia prático para alcançar o melhor em você e em outros: como ser um* coach *master.* Rio de Janeiro: Qualitymark, 2004.

LOGAN, David C. & KING, John. *The Coaching Revolution: how Visionary Managers Are Using Coaching to Empower People and Unlock Their Full Potential.* Massachusetts: Adams Media, 2004.

MARTIN, Carolyn A. & TULGAN, Bruce. *Managing Generation Y: Global Citizens Born in the Late Seventies and Early Eighties.* Massachusetts: HRD, 2001.

_____. *Managing the Generation Mix: from Urgency to Opportunity.* Massachusetts: HRD Press, 2006.

MAXWELL, John C. *As 21 indispensáveis qualidades de um líder.* Rio de Janeiro: Thomas Nelson, 2007.

McDERMOTT, Ian & JAGO, Wendy. *The NLP Coach: a Comprehensive Guide To Personal Well Being & Professional Sucssess.* Londres: Piatkus Books, 2002.

MEDEIROS, Martha. *Topless.* Porto Alegre: L&PM, 2008.

NOLTE, Dorothy Law & HARRYS, Rachel. *As crianças aprendem o que vivenciam.* Rio de Janeiro: Sextante, 2003.

REFERÊNCIAS

O'CONNOR, Joseph. *Manual de programação neurolinguística – PNL: um guia prático para alcançar os resultados que você quer*. Rio de Janeiro: Qualitymark, 2003.

_____ & SEYMOUR, John. *Introdução à programação neurolinguística: como entender e influenciar as pessoas*. São Paulo: Summus, 1995.

ORRELL, Lisa. *Millennialls Incorporated: the Big Business of Recruiting, Managing and Retaining the World's New Generation of Young Professionals*. 2ª ed. Deadwood: Intelligent Women Publishing, 2008.

PACHTER, Barbara & COLEMAN, Ellen Schneid. *New Rules @ Work: 79 Etiquette Tips, Tools and Techniques to Get Ahead and Stay Ahead*. Nova York: Prentice Hall, 2006.

PARDEY, David. *Introducing Leadership*. Oxford: Elsevier, 2007.

PENN, Mark J. & ZALESNE, E. Kinney. *Microtendências: as pequenas forças por trás das grandes mudanças de amanhã*. Rio de Janeiro: BestSeller, 2008.

PEREIRA FILHO, Rodolfo Rodrigues *et al. Criatividade e modelos mentais*. Rio de Janeiro: Qualitymark/Petrobras, 2005.

PERFORMANCE RESEARCH ASSOCIATES. *Atendimento Nota 10*. Rio de Janeiro: Sextante, 2008.

REY, Alan. *Comunicar*. São Paulo: Vergara & Riba, 2007.

ROBBINS, Stephen P. *The Truth about Managing People...and Nothing but the Truth*. Nova Jersey: Prentice Hall, 2003.

ROBINS, Anthony. *Poder sem limites*. São Paulo: BestSeller, 1987.

ROTH, Gabrielle. *Sweat Your Prayers: the Five Rhythms of the Soul*. Nova York: Tarcher Penguin, 1998.

_____. *Os ritmos da alma: o movimento como prática espiritual*. São Paulo: Cultrix, 2005.

SANBORN, Mark. *You Don't Need a Title to Be a Leader*. Nova York: Doubleday, 2006.

SANDERS, Tim. *O fator gente boa: desenvolva a simpatia como estratégia para a felicidade e o sucesso*. Rio de Janeiro: Sextante, 2007.

SHELTON, Charlotte. *Gerenciamento quântico: como reestruturar a empresa e a nós mesmos usando sete novas habilidades quânticas*. São Paulo: Cultrix, 1999.

TAYLOR, Sandra Anne. *Quantum Success: the Astounding Science of Wealth and Happiness*. Carlsbad: Hay House, 2006.

_____ & KLINGER, Sharon A. *Secrets of Success: the Science and Spirit of Real Prosperity*. Carlsbad: Hay House, 2008.

TEMPLAR, Richard. *The Rules of Management: a Definitive Code for Managerial Success*. Harlow: Pearson Education, 2005.

THALER, Linda Kaplan & KOVAL, Robin. *O poder da gentileza*. Rio de Janeiro: Sextante, 2008.

THIAGARAJAN, S. Thiagi & PARKER, Glenn. *Trabalhando em equipe, jogando em equipe: jogos e atividades para construção e treinamento de equipes.* São Paulo, Qualitymark, 2003.

TIME. *Time Special Edition: the new mindfulness.* S/l., novembro de 2018.

TULGAN, Bruce. *O que todo jovem talento precisa aprender: como desenvolver bons hábitos de trabalho, saber lidar com as pessoas, tomar decisões e resolver problemas.* Rio de Janeiro: Sextante, 2017. *E-book.*

Este livro foi composto com as fontes Minion e Swis721,
impresso em papel offset 90 g/m² no miolo e cartão supremo 250 g/m² na capa.